生活者視点で変わる小売業の未来

希望が買う気を呼び起こす商圏マネジメントの重要性

上田隆穂 著

生活者視点で変わる小売業の未来

希望が買う気を呼び起こす商圏マネジメントの重要性

はじめに

小売業の進歩は目覚ましい。当初アメリカからの技術導入を活発に行い、ＰＯＳデータによる売上及び在庫管理、ＩＤ－ＰＯＳデータの活用による顧客管理、地理データ活用の立地選択、ＩＴ技術による新チャネルの創造、これらの技術を用いたロジスティクスの改善など著しい進歩を見せている。これからもますます進んでいくだろう。技術の進歩は素晴らしい。科学の華々しい発展を積極的に取り入れている。

しかしながら、上記の科学技術的な進歩、これを「形の進歩」と呼ぶならば、これですべてが事足りるのであろうか。生活者のすべての潜在ニーズに対応できるのであろうか。答えは否である。この「形の進歩」による利便性及びコスト削減はこれからも必要条件であるが、十分条件ではない。十分条件となるのは「心への対応」による進歩である。この二つは車の両輪であり、どちらもなくてはならないものである。

「形の進歩」では顧客が小売側から提案されてはじめて知るような楽しみのあるサービス創造にはなかなか結びつかない。おそらく顧客への利便性とコスト面での顧客ニーズに応えることで終わってしまうだろう。この結果、利便性と低価格による競争が継続し、小売店舗はその仕組みも含めて画一的になってしまいやすい。そうなると結果的に顧客にとって小売は魅力の薄いものになっていき、買い物への関心は薄れていき、全体的な買い物需要を刺激するものがなくなってしまう。

つまり従来型の「形の進歩」の課題は、魅力ある個性的な楽しい小売のあり方をどう探り、いかに取り入れていくかである。この課題が解決されるならば、多様なニーズを持つ顧客がロイヤルなファンとなる多様な小売が生まれることになり、買い物需要全体を押し上げていくことになるだろう。この「楽しい」を創造するキーとなるのはなんであろうか。これは上記の「心への対応」での小売の進歩であり、より具体的には「生活者の視点」で「希望活性化」を実践することである。詳しい解説は本文に譲るが、生活者は希望があってはじめて精神的に活発化し、結果的に行動するようになる。この活動に伴い、買い物需要も拡大することになる。「形」と「心」、この両面での進歩を成し遂げられる小売こそがこれからの繁栄をつかむことができる。

本書のきっかけとなったのは、２００６年より、著者が所長を務める学習院マネジメント・スクールで多くの企業の参加を呼びかけた「未来店舗開発研究会」である。この研究会において主に学習院マネジメント・スクールで行った小売店舗での社員インタビューや一般生活者への深層心理面接（デプスインタビュー）、Ｗｅｂアンケート調査、参加企業や小売を交えたディスカッションを行った。ここから多くの知見が生み出され、その多くが本書の基礎となっている。この研究会に参加された方々や著者の大学院ゼミの院生であった諸君の活躍がなければ本書は世に出ることはなかったはずである。文責はひとえに著者にあるが、成果は参加された多くの方々と一緒に出したものであることを強調しておきたい。

また、そのほかの調査、たとえば、北海道で移動販売車をレンタカーで追いかけたり、過疎地での住民インタビューを行ったりしたことも本書に含めているが、当時著者の大学院ゼミに所属しており、今は大学教員として巣立っていった兼子良久君や同様に大学院博士後期課程からコープさっぽろ勤務となった星野浩美さんも一緒に研究している。二人とも上記の「未来店舗開発研究会」で活躍してくれ、会の原動力になってくれた。このほかに学習院マネジメント・スクールのスタッフも裏方で活躍してくれたことは有り難い想い出である。多くの参加企業の方々も一人ひとりお名前を挙げて感謝をお伝えできないが、心より御礼を申しあげたい。

そしてコープさっぽろの大見英明理事長は店舗実験、データ提供やインタビューなど多くのことに快く応じてくださり、非常に有り難く、感謝申しあげている。真実追究においてここまでオープン・マインドで吸収力の高い経営者は、著者にとってははじめてであり、希有な存在である。またコープさっぽろの方々にはいつも大変お世話になっており、当時のマーケティング部長であった米田敬太朗氏、そして前出の星野浩美さんにも御礼を申しあげたい。加えてサンヨネの三浦和雄代表にも感謝申しあげたい。氏もまた快くインタビューに応じてくださり、積極的にどんなことでもお答えいただいた。この小売チェーンは規模は小さいが、日本一のスーパーマーケットであると著者は考えている。

最後になったが宣伝会議で本書の編集を担当していただいている佐藤匠氏にも感謝申し

あげたい。丁寧な編集とアドバイスにより本書が格段に良くなったことは間違いない。

上田隆穂

２０１６年５月 連休最後の日に

序章

小売業の将来の姿[※1]

小売業の将来予測はなかなか難しい。地震学者や気象庁のように確率で論じるわけにもいかない。なぜなら、向かうべき方向の提言はできても、実際に判断を下し、実行に移すのは、小売業を営む多くの経営陣だからだ。さらに、彼らは、こうなるべきだという規範的な理論面と、さらに複雑な実際への対応という両面を考えなければならないからだ。この多くの経営判断を予測するのは難しい。

結論から言うと、私の大胆な予測は、「昔に帰る」ということだ。ご用聞き、配達、量り売り、旬の説明、店内加工、包装、適度の会話などそのものである。このほうが買い手にとって心地良いからである。ではなぜ廃れたかというとワンストップ・ショッピング、セルフサービスというアメリカ型のチェーンストア理論が導入され、できるだけ低価格で売るために徹底的なコスト削減が行われたためにヒューマン・ハイタッチ部分が削られたからである。しかしながら、まだ多くの昔風を大事にしている老舗商店が生き残っているし、アメリカの最近の繁盛店の様子をみると、消費者にとってのこういう心地良さは明らかに重要な要素であるといえるだろう。

ただし昔回帰の部分は、店舗と顧客の接点であるインターフェイスの面に限定される。

コスト削減は、やはり重要な課題だからだ。昔は、ＳＮＳ（ソーシャル・ネットワーキング・サービス：ツイッターやフェイスブックなど）を含むデータベース、ＰＯＳデータやＩＤ－ＰＯＳデータを用いた分析力、インターネットなどの情報通信力、ロジスティクス技術、交通インフラの高度化などは、存在しなかったか、現在と比べものにはならないほど低いレベルであった。これらの今後のさらなる高度化が顧客とのインターフェイスでの昔回帰を低コストで可能にさせ、しかも昔を上回ることが可能となるのだろう。２０２０年辺りの近い将来では、昔、私も含めて思い描いていたような未来小説のようなハイテクオンリーの小売店舗にはならないであろう。

小売の将来を占う基本的な予測は、一般的に生活者のマクロ動向、利用可能技術の進化動向、これまでの小売業態（あるいはフォーマット）の変化動向、社会や環境への小売業界の対応、そして生活者の潜在ニーズがどうなっているかのチェックから始まるのが普通である。ところが、これらによる予測からは２０２０年辺りを考えても小売業界の変化は現在の延長になるだけで大胆な変化は考えられなかった。そのさわりの部分を述べると、「平日型（シニアにとっては全日型）の近隣・小型の地域密着の高付加価値型店舗が増加し、週末型のショッピングモールがこれらを衛星店舗型としてマルチフォーマットで管理する。これらのチェーンは、主にＥＤＬＰ（EveryDay Low Price）ならぬＥＤＨＱ（EveryDay High Quality：造語）で運営される。一方、低価格路線を徹底したディスカウントストアも週末型の巨大モールと衛星店舗といえる近隣・小型の地域密着型店舗をマルチフォーマットで管理する。さらに単身及び二人世帯の増加とプチ贅沢化で通勤帰りの駅ナカ・駅前立地の小売店舗が大型化・高級化して増加する三極化が進む。そして、それぞれがネット販売を含んだオムニチャネル（第6章で詳しく述べる）化され、統合的にマネジメントされる。ただし、数は減っていくだろうが、特徴的な独立小売店舗や小規模チェーンストアは知恵と工夫のＥＤＨＱでいつの時代でも生き残る」というものだ。

しかしながら、ここで予測に関連して、生活者の潜在ニーズを考慮に入れると質的に大きな変化を入れる必要性が生じてくる。重要なことは、消費者の需要拡大は、「希望活性化」を通じて効果的に実行できる。１９６０年前後の日本では、生活自体が全般的に貧しかったが、経済的な復興が進み、生活がどんどん向上し、豊かになるという希望を国民が共有したため、電気炊飯器など生活改善の新製品が出るたびに購買意欲は高くなっていったことが典型的な例として挙げられる。また１９９３年のバブル経済崩壊から長期にわたる不況期でも、子供に関する支出はあまり減少せず、結婚や出産などこれからの人生において希望が感じられるという機会に多くの支出が行われた。人は人生において明るい希望につながることには消費を惜しまぬ傾向があり、単なる願望ではなく、明るい兆しの実現可能性のある時には支出を行うことが多い。

生活者の潜在ニーズを考慮に入れる点においてのポイントは、希望ジェネレータと呼ばれる「希望を生み出すもととなるもの」が生活者のライフステージごと、つまり子供のいない夫婦時期、子供が幼少の子育て期、子離れ期、シニア期ごとに大きく異なる場合が多いということである。これは深層心理の調査で明らかになっている。重視される希望ジェネレータにはライフステージで共通のこともあるが、ほとんどはライフステージごとに異なる。

最も大きな希望ジェネレータが子供（特に子育て期）・家族であることは重要であり、子供の希望ジェネレータが弱い時は、疑似家族（友人、かかわりのあるコミュニティの仲間、会社の同僚、ペットなど）がその役割を果たす。結婚して子供がいない世帯に子供が産まれると夫婦の生活が一変することは広く知られている。親は子供の成長を願い、購入する食物においても安全性の観点から価格が高くてもオーガニックのものや国産品を選ぶようになる傾向がある。そして従来の交際範囲を狭め、喜んで子供に時間をかけるようになる傾向がある。

ところがだんだん子供が成長し、手が離れるようになると親は寂しさを感じ始め、出産・子育てのために辞めていた職場への復帰をしたり、友人との付き合いを増やしたりと、生き甲斐を異なるところに求め始めるのである。この傾向は子供が独立して家を離れる時にピークに達し、ペットが家族の代わりに登場する傾向がある。この疑似家族ともいうべき存在に対して日々明るく暮らすという希望を見いだし、人は生きるのである。

したがって、商品やサービスとこれらの関連付けを小売店舗で行うことができれば、顧客の生活周りの希望を活性化することになり、顧客は喜んで財布の紐を緩めてくれるのである。たとえば子供が小学校に入学すると家族でお祝いをしたり、そのために必要なものを購入したりと家族が子供の成長を喜ぶ儀式を行うという楽しさをつくり出す希望をかき立てる購買だからである。この種の消費には、心の中のサイフが別であり、大きな支出もしやすくなるのである。また疑似家族関連の支出、たとえば友人との楽しい付き合いでの支出なども含まれる。

商品やサービスとこれらの関連付けの中には後述するが、コミュニティ・サポートやインターフェイスとしてのフレンドリーな店舗従業員の存在も含まれ、特に後者は、アメリカの人気スーパーであるトレーダー・ジョーズにおける工夫がこのことを裏付けている。また希望ジェネレータとしての「家族」に関しては、家族の健康を強く願う顧客にとって野菜と牛乳・乳製品の健康系クロス・マーチャンダイジング（以下クロスMDと表記）が有効との調査結果もあり、アメリカの人気スーパーであるホールフーズマーケットなどの健康志向販売方針が顧客に広く受けていて、このことを裏付けているのではないかと思われる。

本書では、小売業の本質及びその探り方について論じ、そのマクロイノベーション（大変革）について、それを引き起こす希望ジェネレータについて、実際に深層心理調査からの結果について、そしてそれに基づく実験構想及び店舗実験について述べていく。その後に、オムニチャネル時代の希望活性化について説明し、小売業の商品を主要とするイノベーションの萌芽でサンヨネのケースを、そしてコミュニティ・サポートをメインとした商圏マネジメントでコープさっぽろのケースを採り上げる。また最後に小売企業の経営理

念が小売業の本質に、実際どれくらい関わっているかについて論じていく。※2

前述のように「形の進歩」のみならず、「心への対応」が充実してきた時、車の両輪がそろうことになる。そして生活者の「心への対応」は生活者の希望の種をより成長させることにつながり、対応を受ける顧客はより前向きな生活を送りやすくなる。いわば希望のスパイラルが生じやすくなるのだ。

たとえば、子供の祝い事で子供の成長を確認でき、その祝いを通じた家族の一体化で旅行や行事などへの参加をより積極的に行おうとして購買はより積極的となる。子供のみならず顧客の生活周りの希望拡大は、顧客の購買しようとする気持ちを起こさせ、後押しすることになり、小売業の繁栄につながる。これらの実践を行おうする小売業者が増えることにより、小売において「形の進歩」、そして現段階では十分対応されていない「心への対応」の両輪がそろうことになり、小売のマクロイノベーションは実現することになると思われる。

第1章

小売業においてはなにが本質なのか?

はじめに（写真1－①）を見てみよう。上の写真は、星野リゾート奥入瀬渓流ホテルでの一コマである。日本有数の景勝地と言われている奥入瀬渓流の魅力を伝える「森の学校」を開校している写真だ。訪れた顧客に奥入瀬渓流の成り立ちやそこに生きる植物の不思議など奥入瀬のストーリーを伝え、顧客がより楽しめる工夫を凝らしている。下の写真は「渓流テラス朝食」、小川の側でせせらぎを聞きながら朝食をいただこうというものである。これをみると、顧客がなにを望んでいるか、なにをしたら喜ぶかをうまく捉えた、本質に迫った工夫だと直感的にわかる。このように本質に迫ることが顧客に感動を生むのだと理解でき、顧客が行きたくなる本質をつかんだものである。しかしながら、普通はそう簡単に本質をつかむことはできない。

星野リゾート奥入瀬渓流ホテルのサービス　（写真１－①）

上：「森の学校」　下：「渓流テラス朝食」

出典：星野リゾート

アメリカで業績好調な小売業[※3]

アメリカで業績好調のスーパーマーケットに、比較的よく知られたホールフーズマーケットとトレーダー・ジョーズがある（写真1－②）。

ホールフーズマーケットは、２０１３年5月第２四半期決算で既存店成長率６・６％という大手スーパーでは異例の伸びを示しており、最終利益も20・３％増となっている。トレーダー・ジョーズも２０１２年６月期の売上高前年比16・６％増と、順調な伸びを示している。２０１２年全米専業小売業の売上高ランキングにおいて、ホールフーズマーケットが10位、トレーダー・ジョーズが12位と上位に位置する食品スーパーマーケットである。

ホールフーズマーケットの強みは、健康を主軸とした店であるという点だ。もともとオーガニック食品専門店で、成長過程で、高価格帯のグルメ型にシフトし、オーガニックも扱う大型高級スーパーへと転換を図った。２００８年のリーマンショック以降業

業績が好調なアメリカのスーパーマーケット （写真１－②）

上：ホールフーズマーケット　下：トレーダー・ジョーズ

出典：shutterstock

績が悪化したが、その後、健康を主軸とした店に転換してきた。キャッチフレーズは「America's Healthiest Grocery Store（アメリカで最も健康的な食品店）」であり、もはや高価格にはこだわってはおらず、低価格ＰＢの品ぞろえを増やしている。

これに対し、トレーダー・ジョーズはまったく違った方向性を見せている。なにを強みにしているかというと、商品よりも人であり、店舗従業員をクルーと呼び、店長は船長、キャプテンとしている。従業員をクルーと呼ぶことによりモチベーションを高め、その結果を顧客に反映させるインターナル・マーケティングに熱心な会社である。

ここでいうインターナル・マーケティングとは、企業内部に対するマーケティングのことだ。顧客と接する人を大事にして、その人たちが一生懸命にやろうという気持ちにならないと良い組織にはならないと考え、それを実践している。「ヘルムス」と呼ばれる係の従業員が、１時間交代で歩き回り、顧客の世話をしている。その対応は非常にフレンドリーだ。美味しさや安全、健康という訴求はしないし、特別低価格だということでもない。[※4]ホスピタリティーとフレンドリーさが強みのチェーンである。

小売業の本質

前述のアメリカでの人気2チェーンを支える「健康」と「フレンドリーさ」であるが、この背後には小売業の本質があると思われる。それはなんだろうか。顧客はなにに反応しているのだろうか。この本質がわかれば、価格競争から逃れるイノベーションを起こせるはずだ。小売業の本質は二つあると思われる。一つは商品であり、店が提供する「もの」だ。こちらは先ほど挙げたホールフーズマーケットが当てはまるだろう。

日本での類似の例は、愛知県豊橋市に本拠地を構えるサンヨネという小さな食品スーパーのチェーンがある。こちらは、第7章で詳しく説明するが、生産者とコラボレーションを実施し、最高の品質の商品を仕入れ、それを原料に非常に高品質のＰＢ商品を提供しており、しかも高くなく、住民の手の届く価格で販売している点で本質を磨いている小売店舗である。

二つ目は、生活者、家庭の購買担当者の深層意識にあるニーズに応えることだ。これはトレーダー・ジョーズがある程度当てはまっているように思える。顧客の深層意識にある本質的なニーズは後述するが、その一つにフレンドリーな店舗の従業員による接客があるだろう。店舗で快適な買い物ができ、情報もスムーズに得ることができ、馴染みとなった店舗従業員に会うのが楽しみになっていく……これが重要なニーズの一つであろう。

顧客の深層意識にある本質的なニーズについては顧客にストレートに聞いてもダメだといわれているが、それは顧客がはっきりと意識していることだけでは表面的なことにすぎないからである。顧客は提供されてはじめて、「ああ、これが欲しかったんだ」ということが多いからだ。だから、その本質を探らなければいけないことになる。日本である程度このことを実現しているのが成城石井である。フレンドリーなレジ係の存在で馴染みの顧客が旅行帰りにお土産を持って来訪し、ついでに買い物をしていくこともあるということだ。アメリカと異なり、顧客との緩やかな結びつきが向いた日本型といえる。

上記で述べた、この二つの本質がそろってはじめて、本当に素晴らしい小売ということになる。

本質を知るべき理由

オラクルひと・しくみ研究所代表の小阪裕司氏が『日経ＭＪ』に書いていた内容に小売業の本質に迫る面白い話がある。[※5] 概略は次のようになる。防水スプレーは、梅雨時はよく売れるが、常識的には12月には売れない。ところが、あるＰＯＰを書くことによって、爆発的に売れたのである。ここには防水スプレーの本質が関連している。この本質とはなんだろうか。ポイントとなるのは「防水」と書いてあるから本質がわからなくなるという点だ。この商品の「もの」としての本質は「液体からぬれるのを防ぐもの」と考えればいい。液体でぬれたり汚れたりすることを防ぐニーズはどこにあるかというのが、生活者の本質的潜在ニーズだ。

ＰＯＰには、「12月は忘年会シーズンですよね。ビールやお酒がかからない自信がありますか」と書いたのだ。ご亭主の洋服が汚れて一番大変なのは奥さんだ。洗濯に出すコストも手間もかかる。それを防ぎたい奥さんが防水スプレーに飛びついたわけである。「防水スプレーはこういうもの」という常識から離れ、ちょっと違う角度から見る、これが用途の開発になるのだが、それで爆発的に売れたというわけだ。商品と潜在的ニーズの本質が一致して、そこに価値が創造される。これらの探り方が重要なのである。

本質を探る三つの方法

アメリカのジェラルド・ナドラー教授と中京大学の日比野省三教授による「ブレイクスルー思考」という考え方がある。[※6] 彼らは根本主義という方法を利用して、対象について質問し、それはなぜと答えが尽きるまで質問を続けることを基本としている。そして、ハーバードビジネススクールの看板教授で、『イノベーションのジレンマ』(翔泳社)の著者であるクレイトン・M・クリステンセン教授がいる。彼の『イノベーション・オブ・ライフ』(翔泳社)は非常に興味深い本であり、それによると彼がコンサルタントをやっていた時代に、「『片づけるべき用事』の理論」というものを書いている。[※7]

たとえば、「お客がこのレストランに来てミルクシェイクを『注文する』のは生活にどんな『用事』ができた時でしょうか？」という問いかけをしている。つまり、朝、車で30分もしくは1時間運転するドライバーは、車を操作しなければならないため、片手で、そして長い時間楽しめるものを求めており、それがミルクシェイクだった。他にもドーナツなども試されたが、ミルクシェイクが一番売れたそうだ。基本的に両者とも、「なぜ、どうして」と根本まで遡って本質をしっかり確かめる方法である。

著者の開発した方法はこれらとは大きく異なり、もう少し手順の多い方法でしっかりした仕組みを持っている。それは深層面接調査法であるデプスインタビューを基本としたものだ。より丁寧に実施する時には、そこから引き出したものを仮説として、モチベーション・リサーチ（動機調査）という方法でつくられたＷｅｂアンケートを実施し、得られた自由回答をテキスト・マイニングにかけてＫＪ法などによりその深層心理の構造を描き出し、仮説の深掘りをする方法である。著者が教鞭を執る学習院大学の「Ｇ」をとってＧ－インサイトと呼んでいる。これだと千人から千数百人を容易にチェックでき、そこからより客観的に本質を探ることが可能となる。

Ｇ－インサイトは、消費者の深層心理から本質を探る方法であり、詳細は『買い物客はそのキーワードで手を伸ばす』（ダイヤモンド社）という書籍に詳しいので参照されたい[※8]。この書籍では、まず価格訴求が多い従来型のセールス・プロモーションではなく、価値を訴求して値引きをしないで行うセールス・プロモーションの重要性を説いている。そして消費者の深層心理を探る重要性や先に述べたデプスインタビューの具体的な実施と解釈の方法、そしてそこから得られた仮説をもとに、いかにＷｅｂによるモチベーション・リサーチを実施するかを述べ、その解釈方法を事例で詳しく示している。また実際の企業との新たなセールス・プロモーション開発と小売店舗実験に関する取組事例をわかりやすく解説している。

本質を探り出し、マクロイノベーションを生むためのリサーチ・スタイル[※9]

ここで本質を探り出し、マクロイノベーションなどのブレイクスルー（大きなイノベーション）を生むためのリサーチ方法について少し述べておこう。新製品開発によった考え方ではあるが、なんにでも応用はできる。当時セブン&アイＨＬＤＧＳ会長の鈴木敏文氏は、『日経ＭＪ』２０１３年1月7日号で次のようにコメントしている。

「今の日本は物が足りているが、これまでない新しい商品、品質の良い価値のある商品であれば売れる。そうした商品に対する購買意欲は大きいと考えている」

ところが従来の延長線上の新製品開発方法では、なかなかコモディティヘル（差別化できない特徴のない製品ばかりでき、価格競争に陥り、利益が出なくなること）といわれるような「差別化のできていない、成熟化の進んだ状態」から抜け出すことができなくなっている。そしてその状態から抜け出すためのブレイクスルーを生むことは難しい。開発者がスティーブ・ジョブズのような、一部に存在する天才でないとしたら、どんなリサーチをすればブレイクスルーを生む出すことができるのだろうか。それともそんなリサーチ方法はないというべきなのであろうか。

ここで従来からのリサーチ方法を考えてみよう。リサーチ方法は、大きく分けて、定量的なリサーチと定性的なリサーチに分類できる。定量的なほうは、新製品開発に関しては、グレン・L・アーバン、ジョン・R・ハウザー（1980）の『Design and Marketing of New Products』(Prentice-Hall international series in management) ではじめて本格的に定量化的なアプローチが提案されたといっても過言ではない。

この類のアプローチによってある製品カテゴリーについての新製品開発を考える際、消費者の頭の中に従来からある複数ブランドのポジショニングを知覚マップと呼ばれる方法で描き出す。これは、対象となる複数の既存のブランドを10～20個くらいの項目（変数）で被験者に評価してもらい、相関係数で測った回答の類似度で似た項目をまとめてしまい、多くの項目を少数の因子で表示する。この複数の項目がまとまった因子と呼ばれるものをいくつかの軸として対象となる複数の既存のブランドをマッピングすることになる。

たとえば自動車の事例である（図表1－③）を参照されたい。この図表では「排気量、馬力、加速が良い」という項目は「走行性能」という因子にまとめられ、「内装がデラックス、大きく風格格調がある、外観が見栄えして人目を引く」という三つの項目は「豪華さ」という因子にまとめられている。そしてこの二つの因子を二つの軸として自動車のブランドがマッピングされている。

次に選好回帰分析という別の手法を組み合わせて回答者の理想方向を導き出し、有利なポジショニングを探る。イメージとしては（図表1－④）のようになる。矢印が理想ベクトルと呼ばれる理想方向を示しており、☆印が最適ポジションを示す。基本的には多変量解析における回帰分析を用いるので選好回帰分析と呼ばれている。

この方法は、好ましいブランドが存在できそうな隙間をマップ上に見付け出す分析である。そしてマップ上で有望な製品ポジションが明らかになれば、そのポジションを具体的な製品属性水準の組み合わせを持った製品に転換する作業に移る。それがコンジョイント分析などと呼ばれるリサーチ方法である。これは好まれる製品特性（属性）の組み合わせ

知覚マップ (図表1－③)

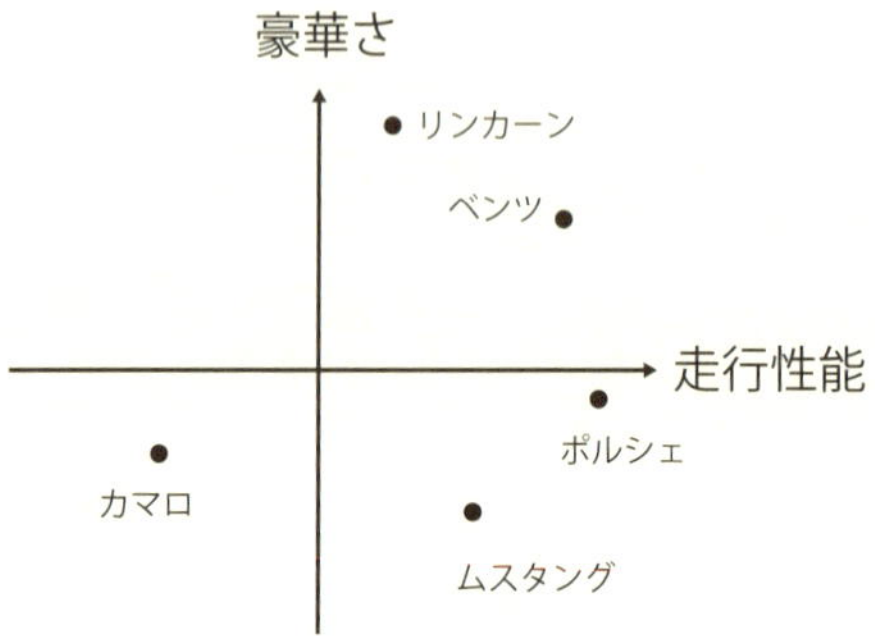

出典：上田隆穂、青木幸弘（2008）『マーケティングを学ぶ㊤　売れる仕組み』
中央経済社、p.94

知覚マップ上の理想方向と最適ポジション (図表1－④)

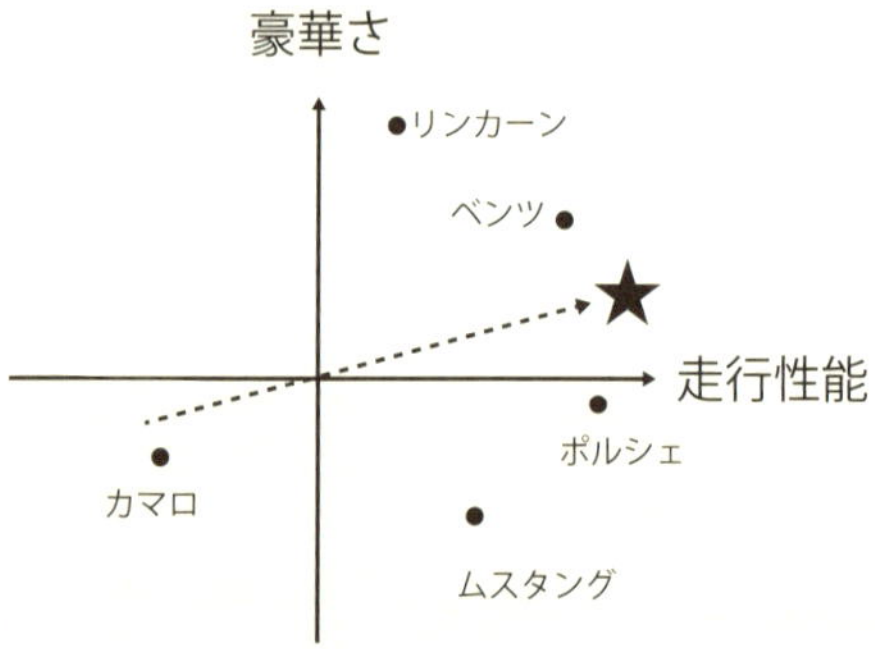

出典：上田隆穂、青木幸弘（2008）『マーケティングを学ぶ㊤　売れる仕組み』
中央経済社、p.95

によって新製品候補をつくり出すという方法である。

具体的には属性とは車で言えば、馬力、色、居住性、燃費、価格などがある。属性水準とは、属性の中味であり、色であれば赤、白、シルバー、黒などである。ここでの作業は、消費者の頭の中の抽象的な製品イメージを具体化して、具体的な製品属性の束となった新製品の案をつくり上げることを行う。

この方法では、この知覚マップ上のポジションを具体的に構成する属性を、知覚マップをつくるのに用いた属性や専門家の意見などから探し出し、その属性に関して現実性の高い属性水準をさらにいくつか選びだし、それらを統計的な方法を用いて製品コンセプトといわれる複数の仮想的な製品水準構成（カード化を行うことが多い）をつくる。

たとえば、「赤い、２５００ccの排気量、２００馬力、燃費15km／ℓ、ワゴンタイプ、レザーシート」が属性水準の組み合わせの一例で、製品コンセプトと呼んでいる。これらの異なった複数のカードを被験者に買いたい順に並べてもらい、その属性、属性水準をどの程度重視しているかを推定する。[※10] 具体的な製品コンセプトの事例を（図表１－⑤）に載

牛乳の製品コンセプト　　（図表１－⑤）

図表中の「－」は「該当しないこと」を意味する。

番号	価格	ブランド	特定地域産	賞味期限	低脂肪かどうか	栄養・機能性強化
1	200円	A社	―	賞味期限まで7日（新しい）	低脂肪	―
2	220円	A社	―	賞味期限まで2日（やや古い）	―	―
3	160円	B・C社	特定地域産	賞味期限まで7日（新しい）	低脂肪	―
4	160円	A社社	特定地域産	賞味期限まで7日（新しい）	―	栄養・機能性強化
5	220円	地元の乳業会社	特定地域産	賞味期限まで7日（新しい）	―	栄養・機能性強化
6	180円	プライベート・ブランド	―	賞味期限まで7日（新しい）	―	栄養・機能性強化
7	180円	A社	特定地域産	賞味期限まで5日（やや新しい）	低脂肪	栄養・機能性強化
8	200円	B・C社	―	賞味期限まで7日（新しい）	―	栄養・機能性強化
9	180円	B・C社	特定地域産	賞味期限まで2日（やや古い）	―	―
10	220円	プライベート・ブランド	特定地域産	賞味期限まで7日（新しい）	低脂肪	―
11	200円	プライベート・ブランド	特定地域産	賞味期限まで5日（やや新しい）	―	―
12	180円	地元の乳業会社	―	賞味期限まで7日（新しい）	低脂肪	―
13	200円	地元の乳業会社	特定地域産	賞味期限まで2日（やや古い）	低脂肪	栄養・機能性強化
14	160円	地元の乳業会社	―	賞味期限まで5日（やや新しい）	―	―
15	160円	プライベート・ブランド	―	賞味期限まで2日（やや古い）	低脂肪	栄養・機能性強化
16	220円	B・C社	―	賞味期限まで5日（やや新しい）	低脂肪	栄養・機能性強化

出典：上田隆穂（2004）「牛乳類の価格戦略と需要拡大　～コスト志向から価値志向への脱却～」酪農乳業情報センター、p.40

せておく。これは自動車の事例がないため、牛乳の事例を挙げているが、番号ごとに、組み合わされた製品コンセプトが描かれている。この図表は横に読み、番号1～16が16の製品コンセプトに対応している。

これらの製品コンセプトを用いて、コンジョイント分析を実施して、それぞれの属性・水準の評価をそれぞれ属性重要度と効用値で表す。（図表1－⑥）に結果を載せておく。これも牛乳の事例である。この図表中で効用値の最低と最高の幅が属性の重要性を示す属性重要度（図表中の右端）に対応している。効用値は、水準ごとの重要性を示しており、たとえばこの結果からは、価格の評価はこの被験者は安い価格よりも高い価格を重視していることがわかる。中位の180円と200円は同程度の評価であることがわかる。

そしてこの結果から個人ごとの重視する属性・水準を測定して、世の中に実際に存在する製品コンセプト群（既存の製品群）の評価を行い、新たに追加する製品コンセプト（新製品）をその製品群の中でどの程度、相対的に評価されるかを探り出すことによって市場における消費者のマインドシェア（広告やプロモーションがないとした時の消費者の心の中でのシェア）を推定し、これに広告や価格などの影響を考慮しつつ現実的なシェアを推

ある消費者セグメントにおける牛乳の属性・水準の重要性

（図表１－⑥）

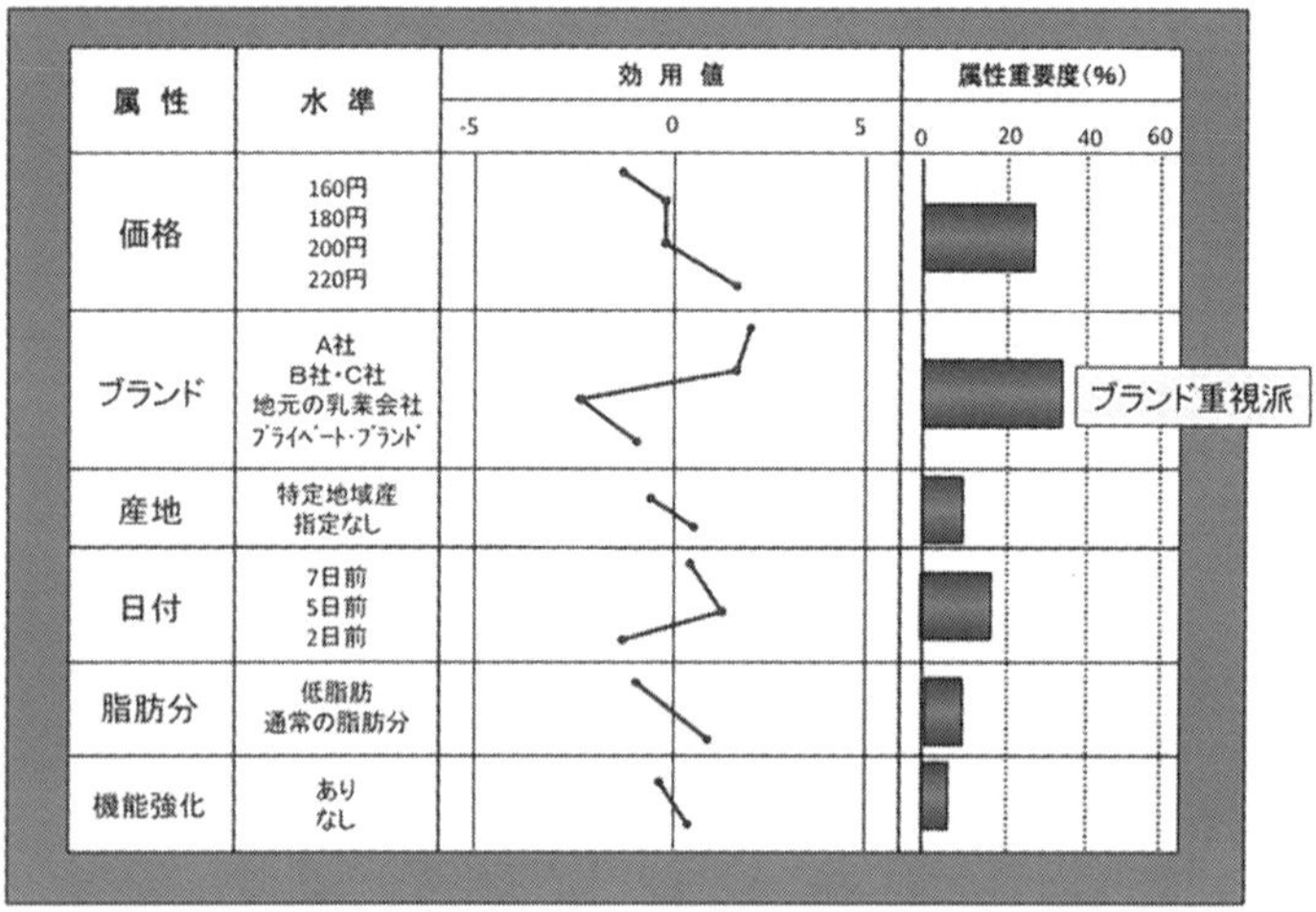

出典：上田隆穂（2004）「牛乳類の価格戦略と需要拡大　～コスト志向から価値志向への脱却～」酪農乳業情報センター、p.50

定する。

これら以外にも方法があるが、基本的には製品をその構成要素にバラバラと分解するような感じでそれぞれの要素について考える要素還元主義といわれる方法を用いる。それは前述のように製品をその構成要素である属性（車であれば排気量や色など）に分解し、その属性を構成する属性要素（排気量ならば１５００ccとか２０００ccとか、色なら赤とか白など）をうまく組み合わせる方法で新製品を開発する。非常に優れた方法であるが、ブレイクスルーといった大きな変革を生むためのアプローチとしては向いていないことがおわかりであろう。それは既存製品の属性の組み替えで新製品開発を行うことが多く、新製品開発が従来の製品の延長上にあるということが多いからである。

では定性的な方法ではどうであろうか。定性的なリサーチ方法は、その数が非常に多いので、どれが新製品開発において代表的ということは難しいが、たとえばグループインタビュー、深層面接調査法であるデプスインタビュー、モチベーション・リサーチ、そしてずっと被験者と一緒にいて製品の使い方などの行動観察をする参与観察法などが挙げられる。

グループインタビューは5〜10人程度の被験者を集め、モデレーターが質問を行い、被験者同士の言葉のキャッチボールを促進して、有用な情報を引き出そうとするものであり、デプスインタビューは深層面接調査法とも言われるように、インタビュアーが被験者に一対一で長時間にわたりインタビューし、インタビュアーが関心を持つことを深く掘り下げて質問していき、被験者の潜在意識、無意識にあるものを引き出していく方法である。モチベーション・リサーチは動機調査とも呼ばれ、描かれた絵の中の登場人物のセリフの空白を被験者に埋めてもらったり、ある絵を見せて物語をつくってもらったりして、被験者の潜在意識、無意識にあるものを引き出していく方法である。このモチベーション・リサーチのほうはデプスインタビューと異なり、Ｗｅｂでのアンケートとの相性が良い。これらが開発された歴史は古く、かなり改良が進んでいる。

これらのアプローチからは、消費者の心の深い部分にあるニーズを取り出せる可能性があり、ざっくりした仮説のもととなるものを生み出すことができる。というよりも「できる場合がある」といった方が正解に近いかもしれない。ここから多くのディスカッションなどを経て、小さな仮説から大きな仮説までを生み出すことにつながっていくのである。

このプロセスには時間がかかる場合が多く、しかも実施者の主観に影響されることも多く、マーケティング・サイエンス派からは懐疑的な視線を向けられることもある。しかしながら、新製品開発には具体的かつストレートにはつながりにくいこともあるが、ブレイクスルーのヒントを見付けられることも多い。

つまり、言いたいポイントは、定量にせよ定性にせよ片方のみのリサーチでは、ブレイクスルー的な新製品開発は困難であるということだ。しかし、世の中には今まで多くのブレイクスルーが起こっているが、これはどう考えるべきであろうか。これらは前述のジョブズのような一部の天才によるものと、「数打てば当たる」方式の新製品開発・発売方法により、そのうちのほんの一部が成功したといえば多くの場合は当たっているだろう。ではブレイクスルー的な新製品開発のあるべき姿はなんであろうか。おそらくこれは（図表1－⑦）で描いた定性的な方法と定量的な方法の組み合わせであると考えられる。

ここでいう定性的なリサーチ手法は、大きく二つに分かれる。一つは消費者インサイト、つまり消費者の深層心理を探り出すリサーチであり、古くは動機調査法としてのモチベーション・リサーチがあり、現在ではインターネット・アンケートシステムの利用や自

本質を探り出し、マクロイノベーションを生むためのリサーチ・スタイル　（図表１－⑦）

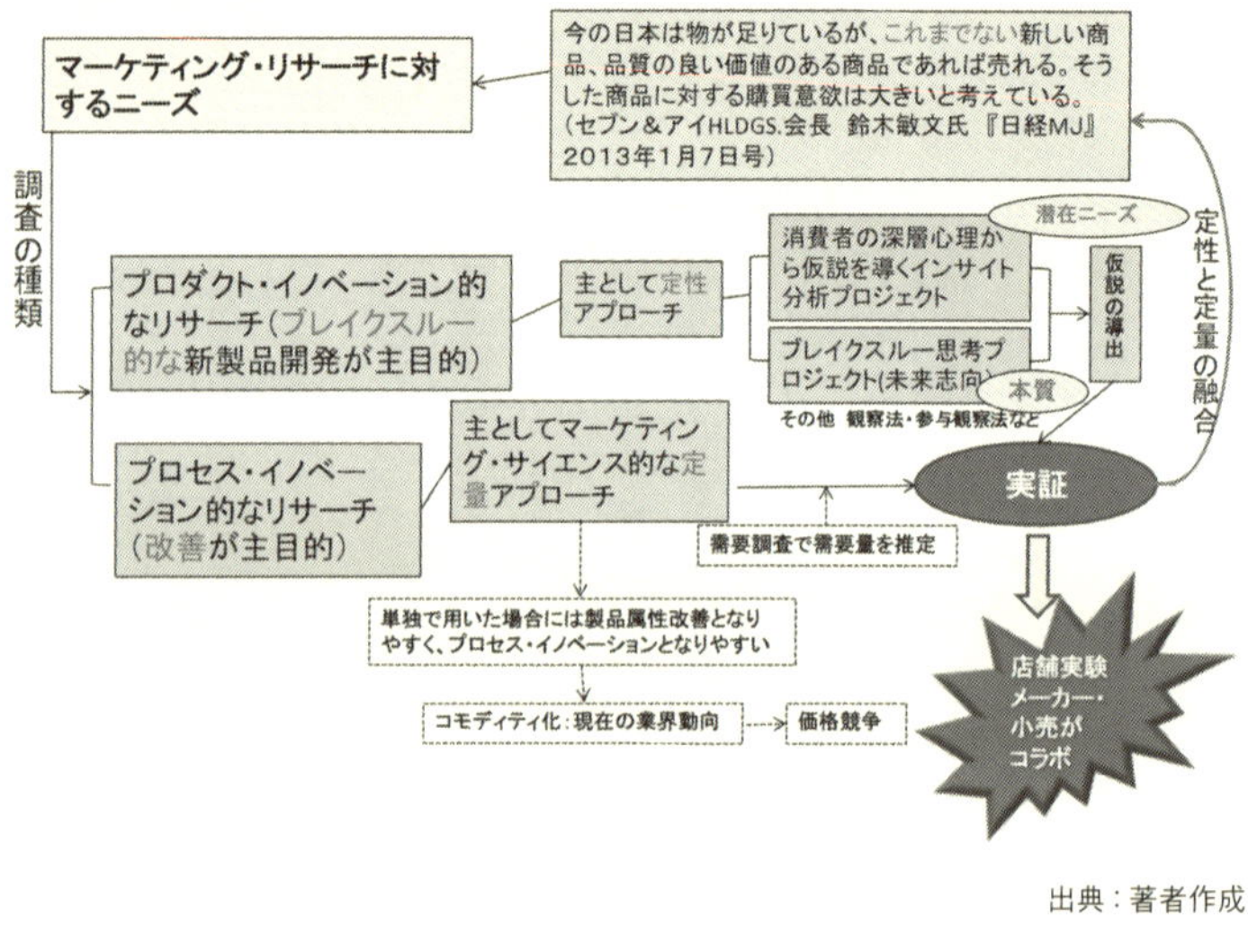

出典：著者作成

由回答をそのまま分析できるテキスト・マイニングの登場で飛躍的な改善がなされている。もう一つは、前述のジェラルド・ナドラーや日比野省三教授を始まりとするブレイクスルー思考などであり、対象の本質を探り出すという方法である。この二つを中心としてブレイクスルーを実現する仮説を探り出すことが可能である。

前者の方法は、現在では前述のようにインターネット・アンケートで膨大な数の自由回答を得ることができ、その自由回答をテキスト・マイニングで定量分析にかけることができる。ここに定性と定量の融合があり、最近のリサーチを大きく発展させている。そして可能ならば店舗実験に持ち込むことが重要である。この結果は、売上やアンケートで集計され、定量分析にかけられる。この結果からブレイクスルーの種を生み出し、水平展開することにより本格的なブレイクスルーを実現できる。

このように定性・定量両方のアプローチを用いてブレイクスルーを生み出す場合には、社会におけるリアルな場で実験を行い、消費者の反応を観察し、データを分析して、その効果を推定することが重要である。最近、メーカーと小売はコラボレーションをする傾向が強まっている。これは戦略的提携と呼ぶべきものであり、不況期におけるリスクの高い時代には非常に有効である。この現象は、メーカーとしては、できるだけ消費者に接近して、消費者をより詳しく知り、また直接アプローチしたいという思いがあり、小売としては、自己の提案力だけでは限界があると考えるようになり、メーカーの分析力、提案力を活用したいという思いがある。この両者の思惑があり、コラボレーションする傾向が強まっているものと思われる。

本章では、小売業においてその本質を探る重要性とそのアプローチに関して述べてきた。定量的及び定性的なアプローチ方法があり、どちらも重要で車の両輪に当たるが、それぞれ役割分担があることを述べた。イノベーションの種を発見するのは定性的なアプローチであり、これによってブレイクスルーを達成するための仮説を発見するわけである。次の第2章では、小売業においてブレイクスルー、つまりマクロイノベーションとはなにかについてこれまでの経緯から考察し、来るべき小売のマクロイノベーションを引き起こすキーが、小売業の本質を踏まえた上で、生活者の希望であることを述べる。

第2章

小売業における
マクロイノベーション

（図表2－①）を見てみよう。小売業におけるマクロイノベーションとミクロイノベーションを説明している図表である。横軸は時間、縦軸は技術的進歩を表す。ある程度小さなイノベーションが続き、ある程度の長い期間が経過して後、大きなイノベーションが起こり、それを繰り返す傾向がありそうだ。

日本での第一次流通革命は1950年代に起こった。セルフサービス、チェーンオペレーションのコンセプトを核として、大きな（マクロ）イノベーションの結果である日本初のスーパーマーケットが1953年に登場した。

それが東京・青山に開店した紀ノ國屋である。その後、マイナーな改良（ミクロイノベーション）が続けられ、市場成熟化が進んだところで一気に新たなマクロイノベーションが起こった。それが情報革命を核とした第二次流通革命だろう。1980年代にPOSシステムが導入され、小売が情報力を獲得し、一括大量仕入れ能力を背景に、メーカーに対するパワーを獲得していった頃だ。この間30年である。1980年代から30年後と考えると2010年代だ。大きなイノベーションが2010年から2020年の間に静かにやって来るのではないだろうか。では第三次流通革命が起こる機が熟しているのだろう

マクロイノベーションとミクロイノベーション　(図表 2 −①)

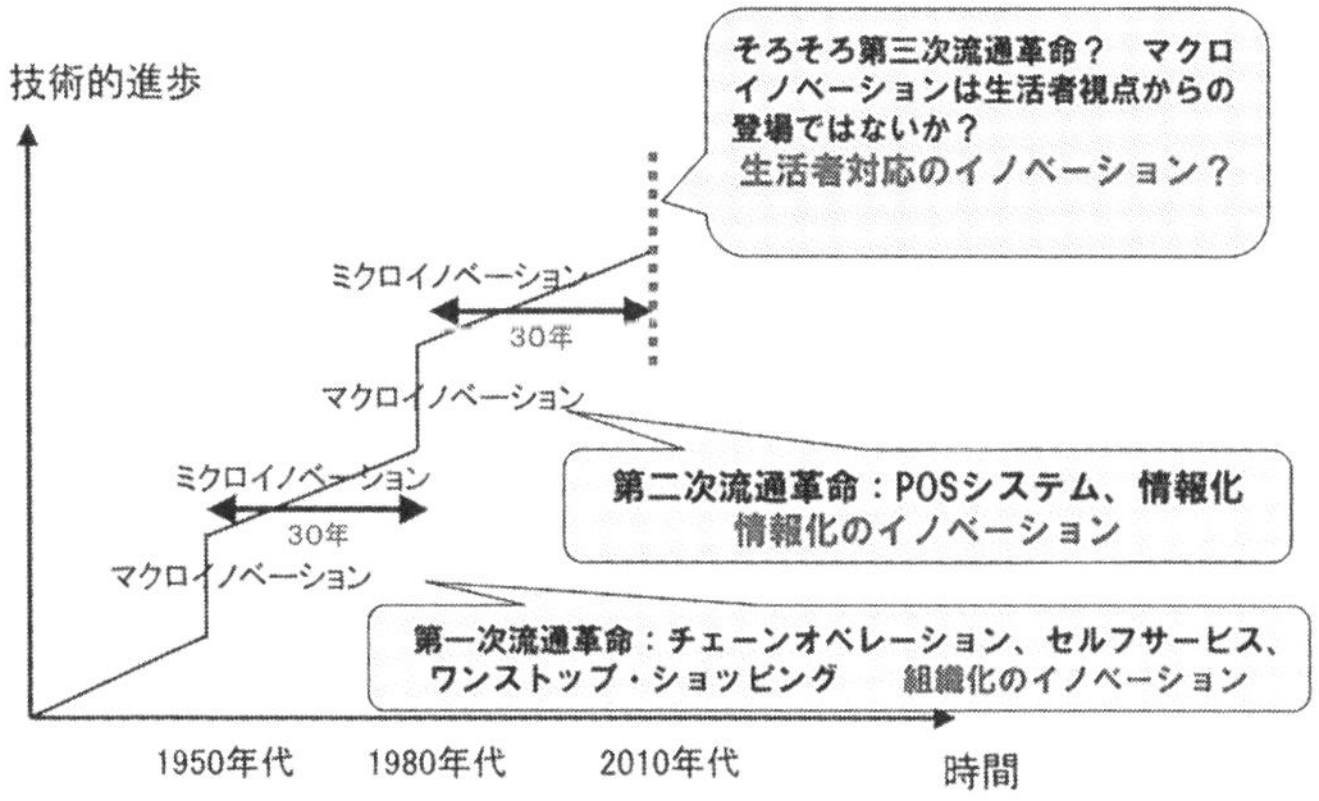

出典：S. P. Schnaars (1991), MARKETING STRATEGY customers & competition, The Free Press ,A Division of Simon & Schuster,Inc.（内田学監訳、山本洋介翻訳（2004）『マーケティング戦略「顧客」を知り,「競争」に勝つ』PHP 研究所、pp.200-206.

か。起こるとすればどこから、そしてその核はなんだろうか。

ここでの新たなイノベーションとは、生活者の視点からのイノベーション、つまり生活者対応へのイノベーションではないだろうか。最近は、オムニチャネルだとかＯ２Ｏという言葉が盛んに出てきている。オムニチャネルとは、インターネットや多様な業態の実店舗などで、顧客との接点を連携させて広く販売・顧客サポートをする利便性対応のマーケティング戦略のことをいう。Ｏ２ＯとはOnline to Offlineのことだ。それらがインフラになって消費者の利便性において小売業者による生活者対応を支えるという状況が、かなり進むだろう。しかしながら今度のイノベーションの核はもっと本質的なところにあるだろう。

食品スーパーマーケットの生活者における用途

従来型の食品小売店舗では、日常の食品雑貨の調達場所というのが存在意義だった。この場合、顧客が表面的に言っていることを小売が聞きすぎると、価格がどんどん安くなり、価格競争が起こってきて、小売業の疲弊につながることになる。

ところが、小売の用途をある程度違った角度から見てみる、つまり、生活者にとって小売業の新しい用途で捉えてみると、まったく違ったものになる。ここで探るべき本質は、これからの未来型店舗の役割は、顧客が生活者として必要とするモノ・コトの供給、アシストであるということだ。

このことを従来型の用途で捉えるならば小さなイノベーション、つまりプロセス改善程度に終わるかもしれないが、新しい用途の視点で捉えると、大きなイノベーションが起こる可能性が高い。少々わかりにくい言い方かもしれないが、もっと生活者としての顧客に近づいて、その生活、精神に至るまでサポートをするという点が従来と異なるところである。

詳細は第3章で述べるが、生活者が心の奥、つまり潜在意識・無意識で望んでおり、本人も「こうして欲しい」と気が付いていないようなことを探り出し、それに応える形で対応することである。この過程で生活者の日常生活周りの希望を活性化して購買する意欲も拡大していく。具体的な手段としてはコミュニティの形成もその一つである。

イノベーションは大企業からか

スーパーマーケットのサミットを立て直した元社長である荒井伸也氏は、「とかく大が小を圧迫するという図式が強調されるが、小売業の歴史を見るかぎり、そうは言えないのであって、熱心な『小』は、常に官僚化した『大』を圧倒し続けたのである」と述べている。[※11]小売の新しいマクロイノベーションは、より消費者に密着した、つまりより消費者ニーズに近いところに位置している比較的規模の小さなスーパーマーケットから生まれる可能性も高い。大がかりにコストをかけるものではないということである。常識はいつか陳腐化し、破壊しなければならない時が来る。それが今かもしれない。

イノベーションの核の大きな一つが希望である

この新たなマクロイノベーションの核はなにか。多くの人に違和感があるかもしれないが、それは希望だと捉えている。希望と消費の関連とはなにか。東京大学の玄田有史教授によると、「社会の問題を考えようとするとき、多くの場合、これまで希望はつねに前提だった。たとえば経済学では、希望があることを前提に、希望はすなわち欲望や目的となり、その欲望や目的を所与として、消費、進学、就業、結婚、出産、資産選択などが実行されると考えてきた」とされている。[※12] つまり、希望は生活者の需要創出の原動力であるという解釈である。希望創造といっても、小売が担当する部分は、日常生活での希望である。この希望創造の仕組みづくりを、システマティックに小売のフォーマットに取り込む価値は大きいだろう。詳しくは第3章で述べるが、たとえば高齢者にとっての家族に代わりうるペット関連で楽しい売場づくりを行う、などが考えられる。

希望に関する研究の始まり

希望に関する研究は、哲学が最初である。『シンデレラマン』という古いボクシング映画にも、生活苦のどん底から這い上がろうとするボクサーを支える場面で「希望」というフレーズがやたらたくさん出てくる。同様の現象は映画で多い。希望に関する既存研究では、哲学や心理学で目標や期待などとの概念の異なりが議論され、社会学、家族社会学ではその時代の社会現象（たとえば自殺の増加）と絡めて希望の役割が論じられ、そして労働経済学では雇用問題から端を発し、生きるため、個人の閉塞した状況を乗り越えるために、なにが希望を生み出すのかを研究する方向へと進んできている。

ここで一つの希望に関する定義を採用すると「愛や温かさ、喜び、前向きな明るさをもたらし、生きていくための力を生み出す」感情と捉えておきたい。※13 先ほど登場の玄田（２００６）は労働経済学の分野である。この流れを見ると、消費者心理学をその分野に取り込むマーケティングがこれをやらないわけにはいかない。いかにしてこれを取り込むかが、一つの大きな課題になる。現在、生活者を取り巻く不活発な経済環境では、希望を見いだしにくい状況であり、それに付随して消費支出を抑える傾向にある。将来に明るい希望を持った時、人は消費を増やしていくのである。

このような消費拡大を実現するには、希望創出が必要と思われる。メーカー及び小売業は、希望を生み出す核（希望ジェネレータ）を、消費者視点あるいはもっと広く捉えて生活者視点ではっきりさせ、刺激し、買う理由をつくらなければならない。赤ちゃんが生まれるとか子供が成長するとかは、消費支出を行うのに一番強い理由になっている。それゆえ、需要創出の観点から改良を重ねてマーケティングに取り入れるべきであり、こういうところに深層心理を探るインサイト分析を取り入れることが重要になってきている。

希望ジェネレータについて、後で詳しく述べるが我々が調査したところ、最も大きく分かれるところは、ライフステージの変化だ。子供が生まれた時や、子供が育っていく時、そして子供から手が離れる時、シニアになる時、希望ジェネレータは大きく変わっていく。それゆえライフステージごとに違った希望活性化訴求をしなければならないことになる。

本章においては、小売のイノベーションが周期的に起こっていることを指摘し、まもなく大きなイノベーションが起こるのではないかと指摘した。その原動力になるものが他の学問領域で大きなトピックになったり、なりつつあったりする「希望」であり、それを生み出すのが「希望ジェネレータ」であると述べた。そしてこの希望ジェネレータがライフステージごとに異なることを指摘したが、次章では、この希望ジェネレータについて検討し、詳しく述べていく。

第3章

生活と小売に関する本質的ニーズを深層心理から探る

著者は学習院マネジメント・スクール所長として、２００９年に「未来店舗開発研究会」というプロジェクトでこの研究を始めた。このプロジェクトは、前章で述べた生活者の希望活性化による小売店舗づくりを目指したものであり、生活者の深層心理と小売店舗へのインタビューから希望ジェネレータを探り出し、それに対応する具体的な方法を見付け、店舗実験で検証をしようとしたものである。前半（フェーズⅠ）で深層心理面接であるデプスインタビューを実施し、後半（フェーズⅡ）では、前半で得た仮説を、参加企業の製品別に掘り下げ、コープさっぽろで実験を行っている。

前半の取り組みでは、演繹法的アプローチといって理論面から「こうなるはずだ」と推し進める方法と、実際の現実を見て「仕組みはこういうことなんだ」と推論する帰納法的アプローチの両輪で研究を進めた。演繹法的アプローチでは、デプスインタビューという消費者深層心理インタビューで発見した仮説をもとに、インターネット・アンケートを用いてモチベーション・リサーチ（動機調査）を行うというＷｅｂモチベーション・リサーチを実施した。もう一方では、事実をもとに理論を導く帰納法的アプローチとして、店長やパート従業員に意識調査を行い、既存の知識を取り出すという方法をとった。ここで多くの重要なことが明らかになった。

まず小売に対するファンというのは、店ではなく人につくことが多い。また、店舗は、売場だけではなく「売らない場」が大事だということがわかった。この「売らない場」はそんなに大きくなくていいが、必要なのである。関東の有名スーパーマーケットであるヤオコーのクッキングサポートがそれに近いかと思われる（写真3－①）。

このクッキングサポートでは、調理担当の女性が円形のテーブルの中に入り、お薦めの素材・商品を調理して来店した顧客に自由に試食してもらう。ここでは販売は行わないため、まず多くの顧客がここに集まり、その日のメニューを決める。売るという行為をしないため、顧客も集いやすく、店舗での人気スポットになっている。

またこれに加えて、「とれたて、できたて」という「～したて」情報がとても大事だということもわかった。この調査から未来店舗となる条件に関して仮説を形成し、２０１０年1月22日に学習院大学で６００人を集めた、未来店舗とはどういうものであり、なにが必要かという調査結果を詳細に報告するセミナーを開催した。

ヤオコーのクッキングサポート　　（写真３－①）

出典：著者撮影

ライフステージごとの希望ジェネレータ　　（図表３－②）

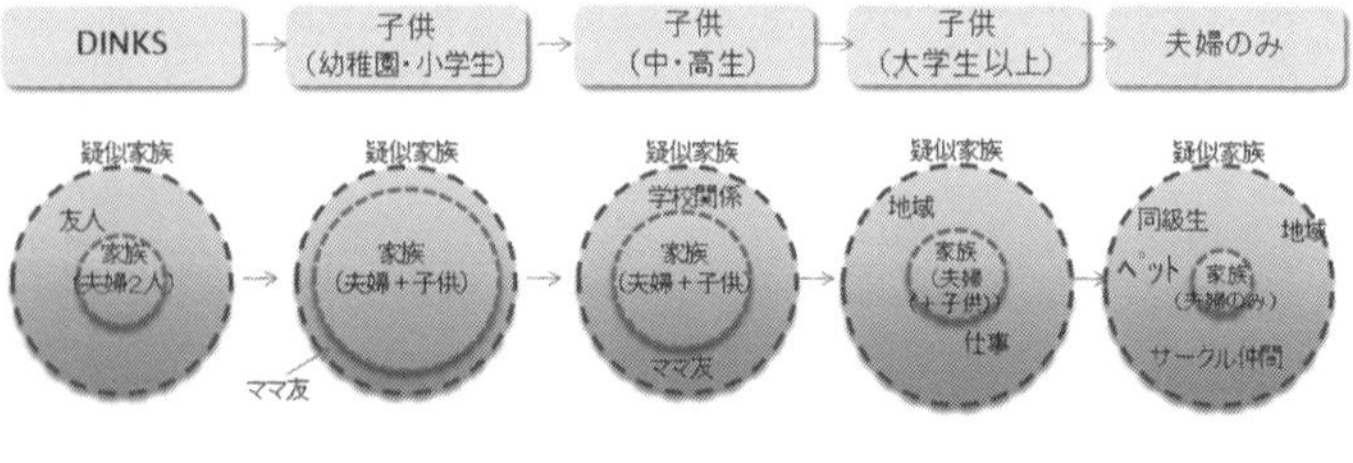

希望源泉　⇒　希望ジェネレータ（表面からは見えない深層心理に潜む）

出典：2009年春　未来店舗の本質研究会（当時：未来店舗開発研究会）資料より。
プレ・インタビュー結果（深層心理調査の一部）

小売の希望発生に向けての本質

「ライフステージごとに希望ジェネレータが変わる」ということを前に述べたが、ポイントになるのは「家族」と「疑似家族」だ。「疑似家族」とは耳慣れない言葉だと思われるかもしれない。繰り返しになるが、仲間、ペット、周りの付き合いのある人々のことだ。（図表3－②）を見られたい。本格的なデプスインタビューを実施する前のプレ・インタビューから抽出された結果であり、希望の核となる希望ジェネレータがはっきり出てきた。ここで生活者にとって最大の希望ジェネレータは「家族」であり、「家族」が希望ジェネレータとしての役割が小さくなると、それに代わって「疑似家族」の役割が大きくなることが明らかになった。つまり、これは「家族」に類する形で存在するコミュニティであり、希望を生み出す「家族」の補完的な役割を果たす存在であると考えれば良いと思われる。

この図表を見るとＤＩＮＫＳ（ダブルインカム・ノーキッズ、つまり夫婦共働きで子供がいない夫婦のステージ）で子供がいない時は、家族は夫婦二人で、友人が重要な希望ジェネレータになる。友人で仲良しコミュニティなどをつくり、楽しく過ごすというようなスタイルで日々の生活の希望を生み出しているのである。

次に子供が生まれてまだ小さい時のライフステージでは、ほとんど子供にかかりきりになるものだ。手はかかるが、それも喜びを伴い、これが希望を生み出す源泉になるのは言うまでもないだろう。そして子供が小学校後半くらいに大きくなるにつれて、つまり子離れ期のライフステージになってくると、家族という希望ジェネレータは次第に縮んでいき、そのほかの付き合いが重要になる。前述のように疑似家族が家族の代替希望ジェネレータになっていくのである。

このライフステージでの疑似家族は、子育て期にできたママ友や子供の学校関係での付き合いのコミュニティが一般的である。子供がさらに成長し、大学生以上になるとこの傾向はいよいよ顕著になり、地域や仕事のコミュニティが重要になってくる。そして世帯単位としてほぼ最終のライフステージであるが、シニアになって夫婦二人のライフステージになると、ペットが登場したり、植物を育てたりすることが多い。

最近の少子高齢化社会を迎えて、ペット売場が小売店で拡大されていき、ペット商品の売上が拡大傾向にあるのは頷けることであろう。また、地域の付き合いやサークル仲間などのコミュニティがこのライフステージでは重要となり、ここが希望を発生するもとになることが多い。

小売店の価値（希望）創造構造

次に（図表3－③a）を見られたい。この図表では、真ん中に最大の希望ジェネレータである子供がいて、周りに家族・ペット、友人・コミュニティ、趣味、商品がきている。この図表が意味するのは、小売店が商品をどのように顧客に提供するかで価値が変わってくるということである。この図表のように商品を単なる商品と捉えて単に販売しているとコモディティ化しやすい、つまり他の商品と差がなくなり、価格競争に巻き込まれやすく

小売店の価値（希望）創造構造　（図表３－③ａ）

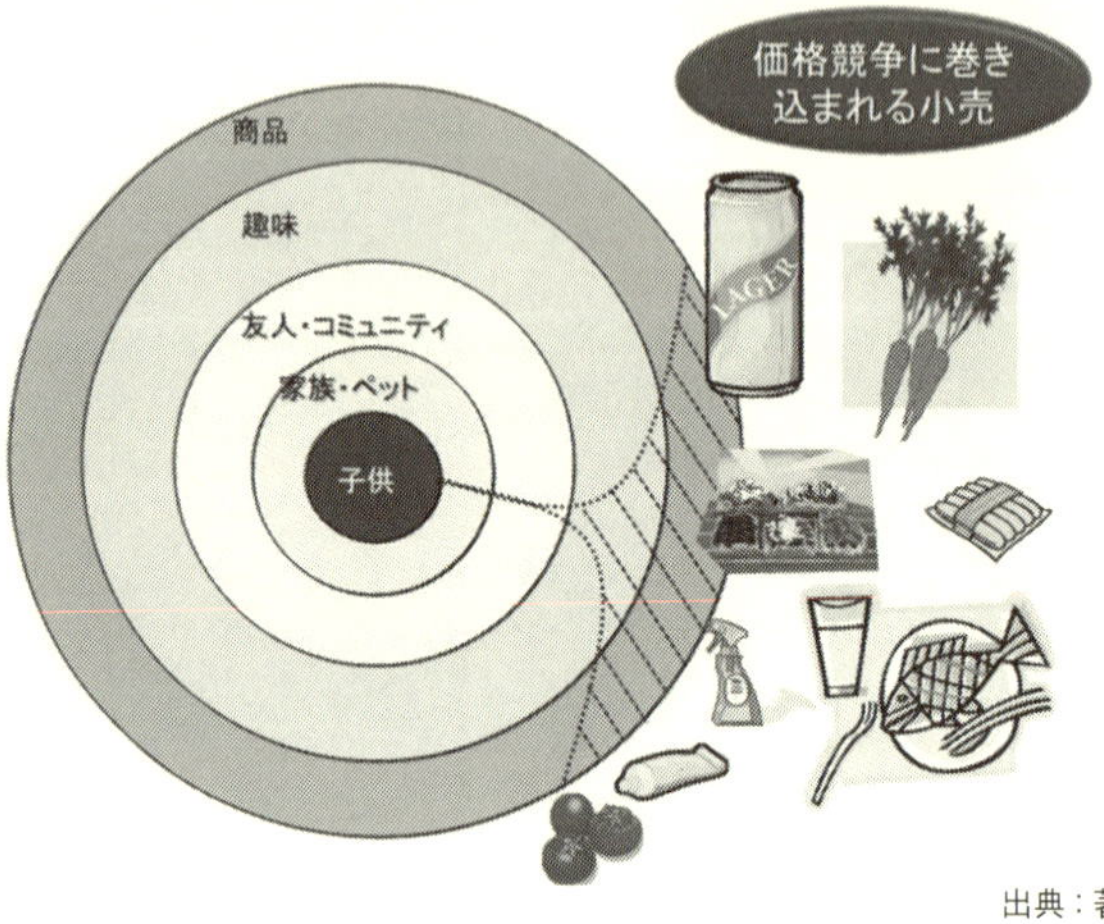

出典：著者作成

小売店の価値（希望）創造構造　（図表３－③ｂ）

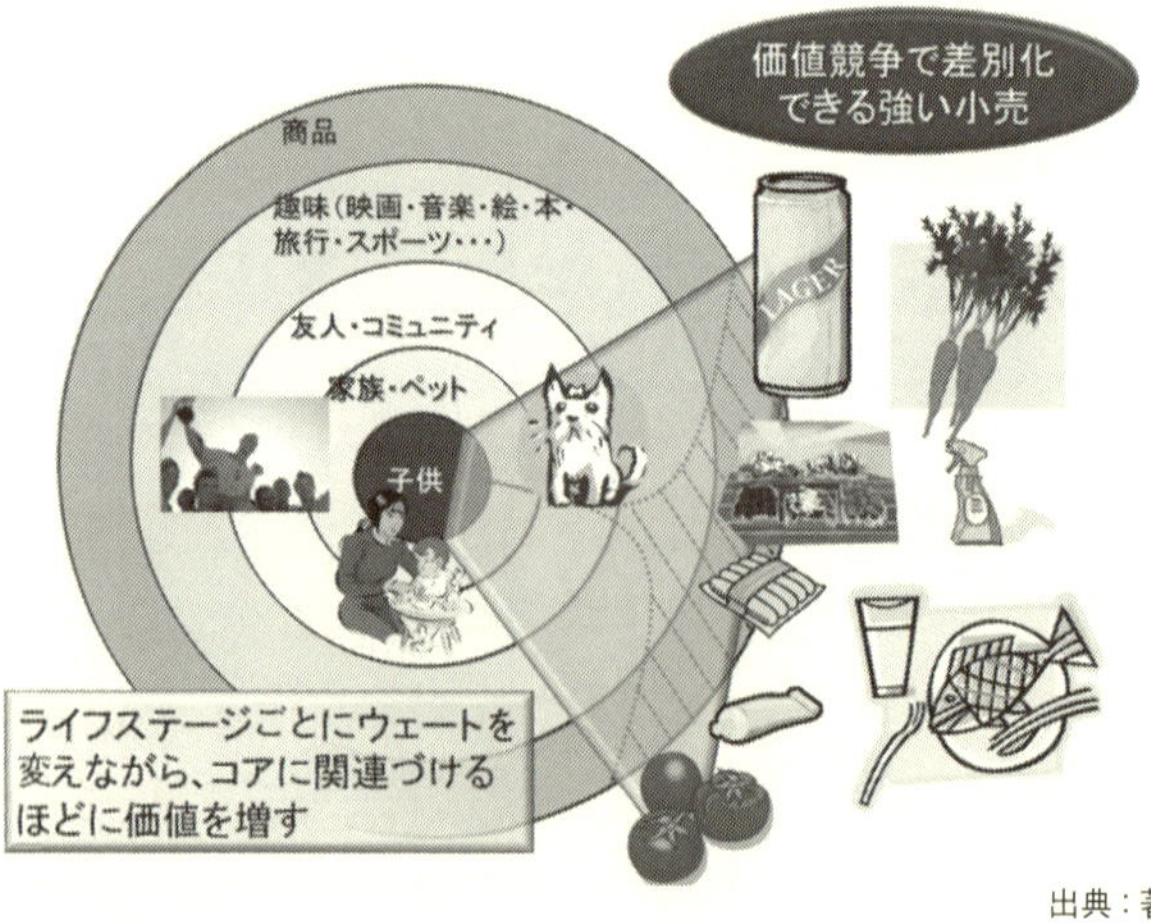

出典：著者作成

なる。したがって、こういった売り方をするのではなく、希望を生み出すものとの関連を深めた提案をしていかなければならない。

ここで（図表3－③b）を見られたい。この図表では、中心に存在する、より重要な希望ジェネレータと商品との関連をつくることによって、商品の価値が増していくことになる。セールスプロモーションでは、この考え方を重視して、なにが生活者の本質的なニーズであるかを把握して、商品の提供する価値が生活者の本質的なニーズと強い関連があるというマッチングをして、それをわかりやすく消費者に表現して提供していく。そこに価値が生まれるということになる。たとえば子供が、普段は嫌いな野菜を喜んで食べ、健康に良い食事で、家族の楽しい団らんが可能になるということであれば、その献立は歓迎され、関連食材の売れ行きは良くなるはずである。

第1章で述べたようにクリステンセンの本質の発見方法でいえば、「どんな用事を片付けるために」その商品を雇うのか？　となるわけである。

生活者の本質的潜在ニーズ

ここでライフステージ別の本質的潜在ニーズを描いておこう。（図表3－④a～図表3－④d）を参照されたい。これらの図表は、学習院マネジメント・スクールで2009年6月18日～6月27日に30歳代～60歳代からなる12名の被験者を四つのライフステージ（妊娠期、未就学の子育て期、子供が小学生期：子離れ期、子供が独立したシニア期）に分け、プレ・デプスインタビューを実施して、抽出した重要ポイントである。ライフステージごとの希望ジェネレータの構成要素を中心に生活者の潜在ニーズ導出を図った結果である。これらの図表から小売企業は大いにチャンスを見付け出せるはずだ。図表が多いので、特に（図表3－④b）の「未就学の子育て期」について解説しておこう。

この図表の真ん中は、希望ジェネレータの要素で複数ある。中心は家族、そのほかは疑似家族で、特に仕事、地域など対社会関係、友人関係などである。各ステージに重要な要素の比重を点線で示してある。そしてそれらの要素とその周囲に関連の深い広めのニーズがその近くに描いており、その外にさらにより細かなニーズと点線矢印で結び付けてある。この細かなニーズは、悩みやニーズ、そしてそれらへの簡単な提案が結び付けてある。子育て期の悩みは、病気、食、育児ストレスなどいろいろなものがある。

たとえば家族関係という希望ジェネレータの構成要素は、育児ストレスという悩みに結びついており、「第一子は、不安でいっぱい」「一人では家事をこなしきれない」「生活の8割は子供のため」「幼稚園に入るまで自分の時間がない」「誰かのサポートが必要」という悩みがあることがわかる。この悩みに関する提案としては、小売のコミュニティへの関わりが必要となる部分であるが、ボランティアを望むライフステージの人々とつないだり、夫の育児参加の教室を開いたりして生活者のコミュニティに関与することである。

また社会関係の希望ジェネレータの要素では地域コミュニティの形成をサポートすることと関連する。子育て中の若い母親は公園コミュニティをつくるが、雨の日は児童館へ行ったり、交替で友人宅に行ったりすることが多く、ここでお菓子づくりや工作などをすることが重要となる。雨の日の対策は重要となるため、小売はここで様々な提案をすることを通じて消費者としての生活者の潜在ニーズを満たすことができる。これら以外にも生

生活者の本質的潜在ニーズ“妊娠期”

（図表３－④ a）

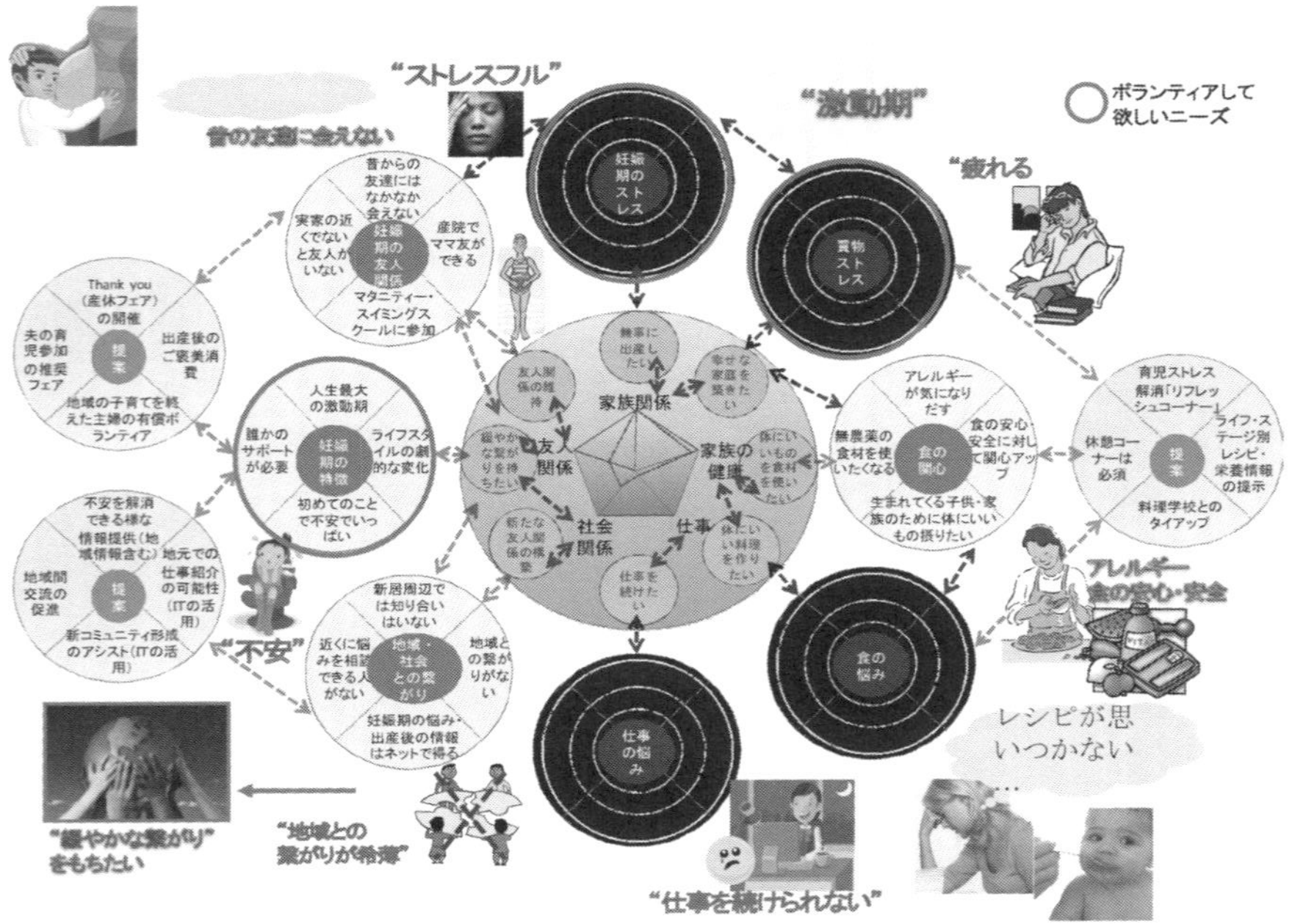

出典：学習院マネジメント・スクール資料より

生活者の本質的潜在ニーズ“未就学の子育て期”

（図表３－④ b）

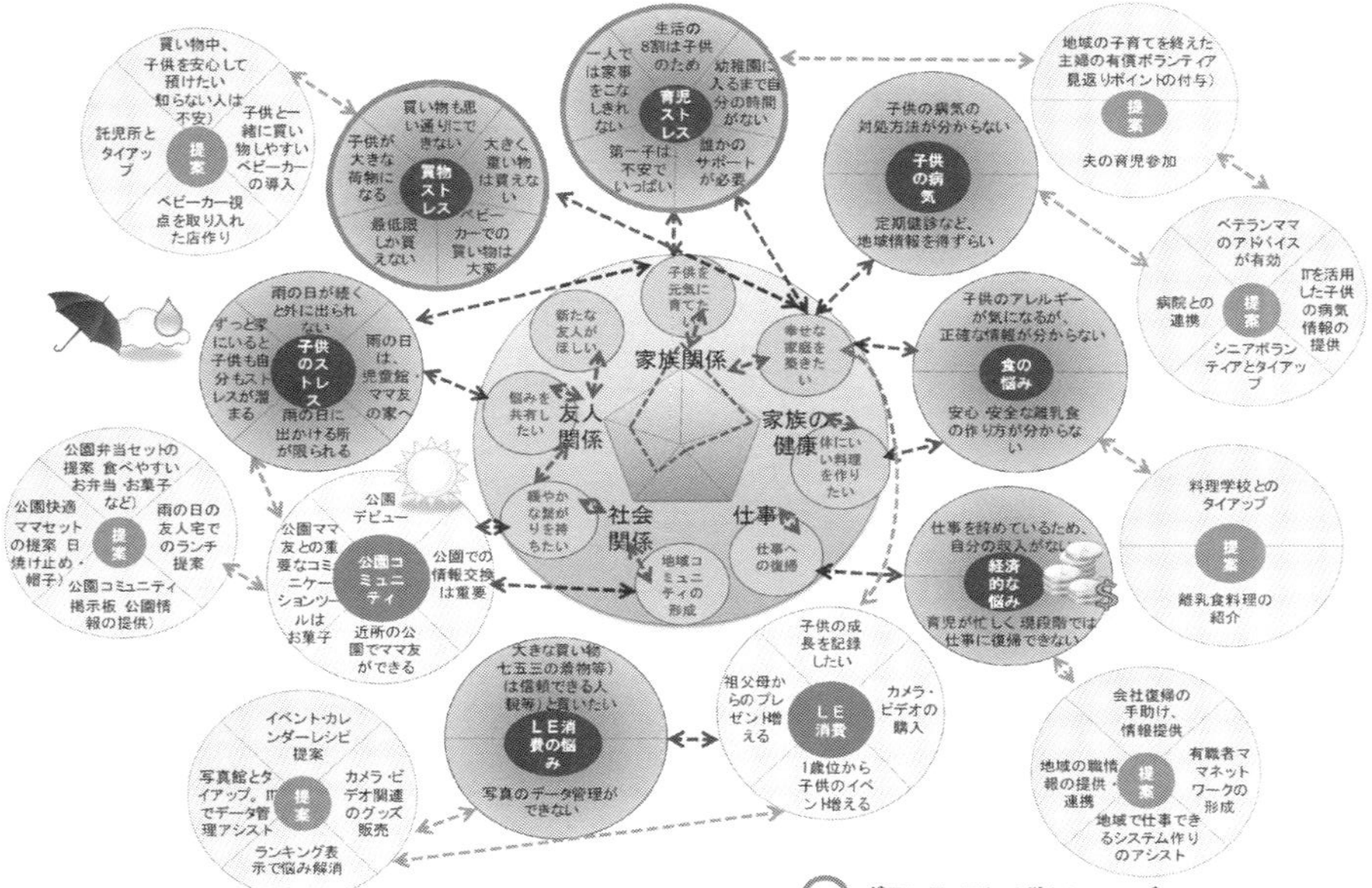

注：LE→　Life event

ボランティアして欲しいニーズ

出典：学習院マネジメント・スクール資料より

生活者の本質的潜在ニーズ“子供が小学生期：子離れ期”

（図表３－④ｃ）

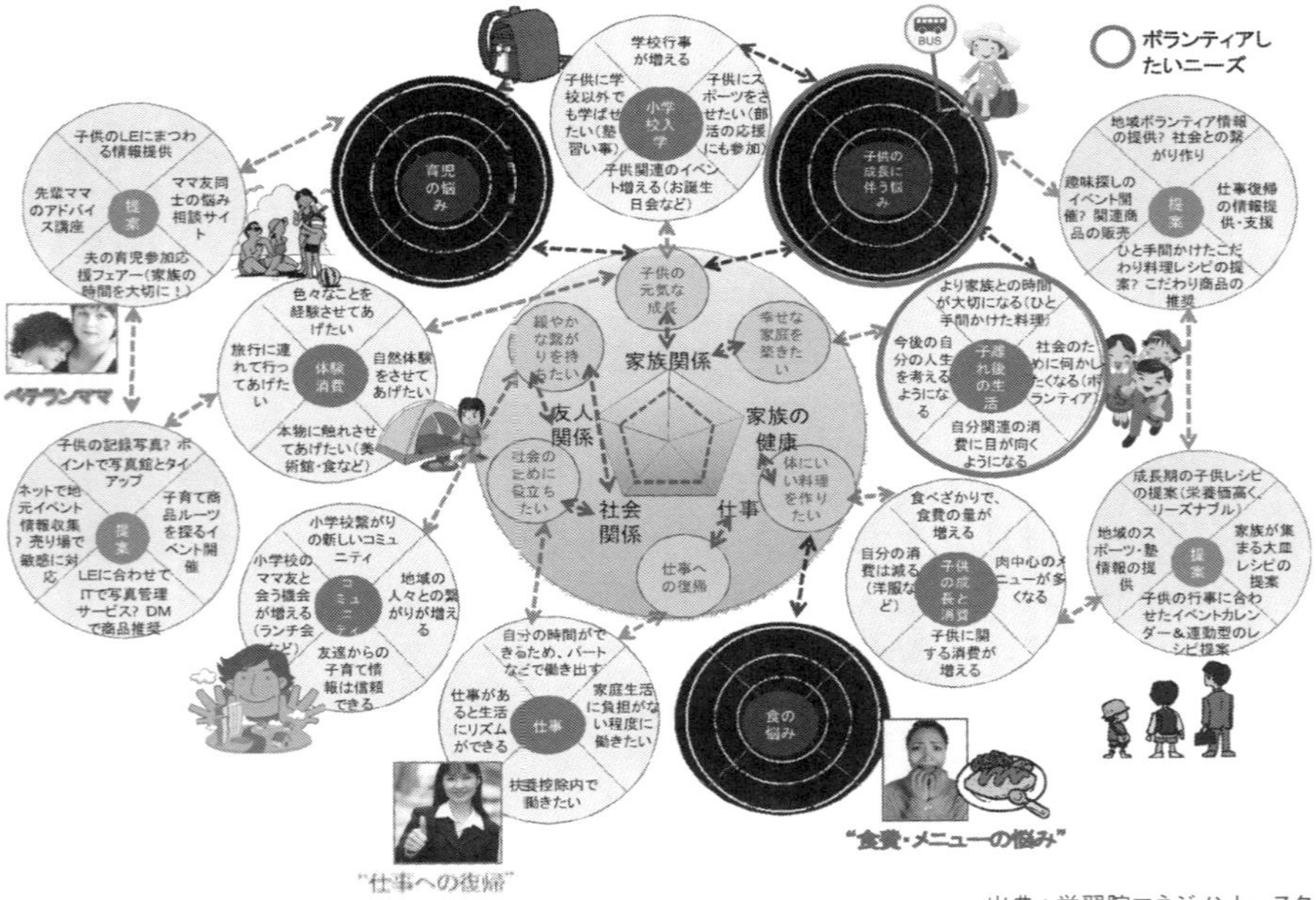

出典：学習院マネジメント・スクール資料より

生活者の本質的潜在ニーズ“シニア期”

（図表３－④ d）

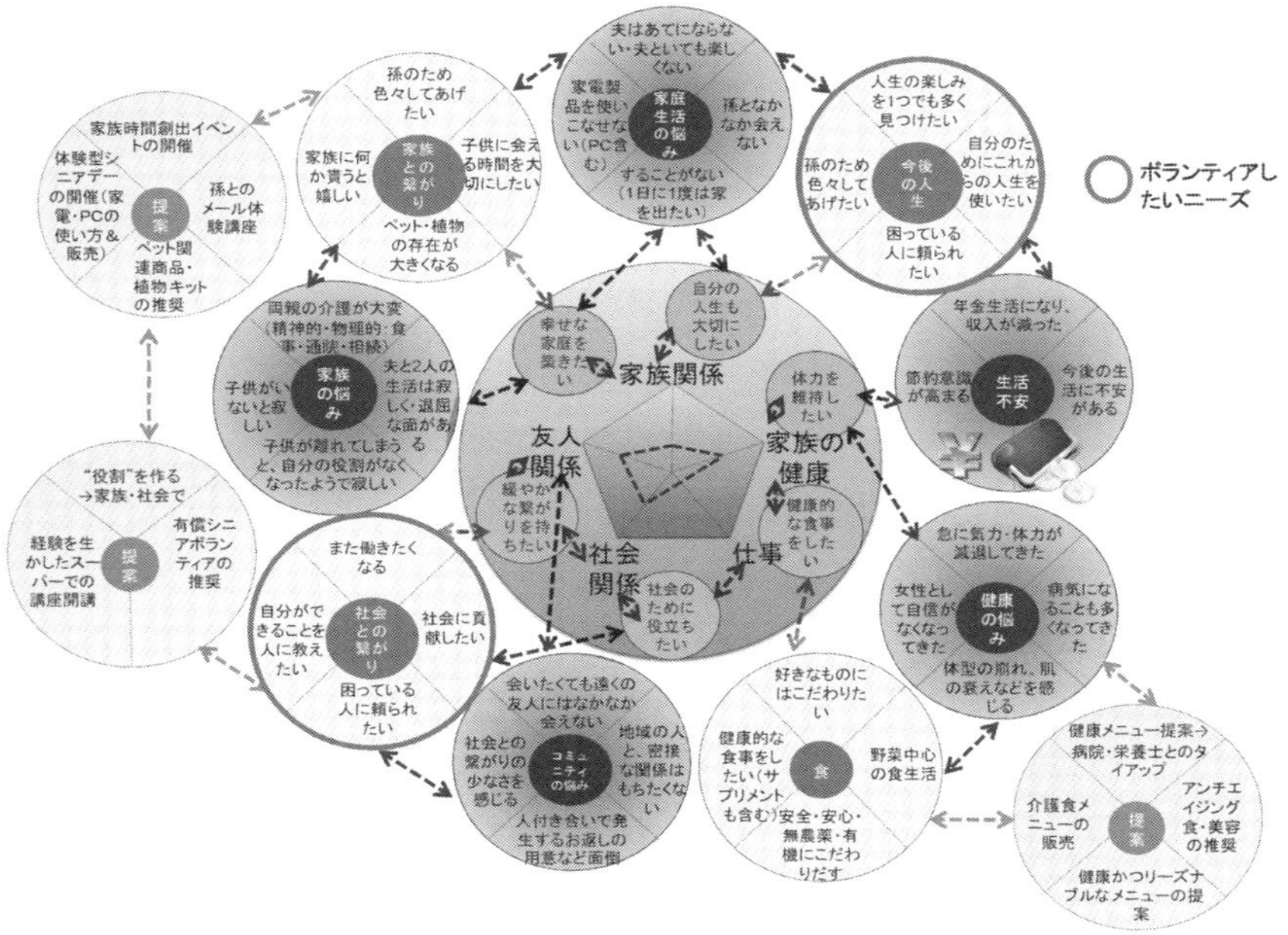

出典：学習院マネジメント・スクール資料より

活者は多くの悩みやニーズを持っており、これらに対応することを通じて小売は総合的にマクロイノベーションを達成するようなシステム、組織づくりを達成できると考えられる。

そのほかのライフステージでも同様であり、図表を参照されたい。特に子離れ期、シニア期では「ボランティアしたい」側のニーズが見られ、このステージと妊娠期、子育て期、さらにかなり高齢のシニア期の「ボランティアしてほしい」側のニーズと結び付けることはこれからの小売にとっては、社会貢献とともに利益も同時に上げる観点から非常に重要である。

失望を希望に変えるには、商圏マネジメントが重要

では上記のような悩みや失望を希望に変えるためには、どうすれば良いのであろうか。第2章で登場した玄田教授や我々の調査[※14]では、緩やかな結びつきが重要だとしている。つ

まり、たまにしか会わない友人や知り合いとの緩やかなつながりが良くて、密接な関係があると却って良くないということになる。これは自分と違う世界の人間は、文化も違い、はっきり第三者という点があるから良い。これは、とりもなおさず、先述した「疑似家族」に当たる。これこそ地域コミュニティに当たり、この地域コミュニティは小売の商圏に存在する。

スーパーマーケットは、商圏をいかにマネジメントしていくか、疑似家族を巻き込んだアシストがいかにできるかが大事になってくる。小売業は商品販売だけでなく、商圏マネジメントという発想が重要になってくるということだ。この商圏マネジメントとは、著者の造語であるが、小売業は単に店舗だけでの顧客への対応では不十分であり、顧客の生活圏、つまり小売店舗の商圏を経営の対象とすることである。具体的には、顧客が生活する地域を顧客が楽しく、住みやすく、その結果、顧客自身が希望活性化できるようなコミュニティをサポートしてロイヤル顧客を増やし、かつ需要を拡大していく意味合いを、この商圏マネジメントという言葉が持つのである。

昔は、小売が商圏マネジメントなどをしなくても、代わりになるものがあった。たとえば、お寺で盆踊りをやるとか、神社でいろいろな催しがあった。ところが新興住宅地がどんどん増えていくと、そこでは宗教関連の施設は入りにくくなり、神社仏閣を排除したニュータウンが激増し[※15]、従来、地域で住民の精神構造を守るソフトウェアとして機能した部分が欠如してきている。

つまり住民にとって、地域のお祭りのような交流機会が激減して、よりどころのない地域が増殖しており、コミュニティがなくなりつつある。その代わりに場所を提供できる可能性のある学校も防犯上、リスクが大きいので、住民に場所を提供するのがだんだん難しくなってきている。そこに新たなコミュニティ創造をサポートする生活者の大きなニーズが存在している。ここに小売の商圏マネジメントの意義が存在するし、小売のこれからの最大の課題であろう。

未来店舗をどう考えればいいのか

上記で述べたような商圏マネジメントを行い、顧客をロイヤル化し、その購買意欲を高める未来店舗の存在意義は、生活者が必要とするモノ・コトの供給、アシストである。方向性としては、生活者の視点に立ち、潜在意識のニーズを正確に探り、それらを満たして、生活価値の形成をアシストしていくことだ。それには昔の神社仏閣のような地域（商圏）の核となって、生活の中心になることが重要になってくる。そして、商圏顧客を支える存在として、モノを売るだけの存在ではなく、店舗を超えた希望のスタート地点である駅のような存在、つまり生活プラットホームになるべきである。

大事なのは、日常レベルの希望を発生させる仕組みが必要だということ。それは生活者のライフステージごとに異なるということ。そして商圏内のコミュニティにどう対応して商圏マネジメントをしていくか。つまり「ライフステージ」×「商圏マネジメント」×「希望学」という考え方で、この三つから未来店舗の方向性が決まってくるだろう。目指

希望創造型小売店舗を考える枠組み　（図表３－⑤）

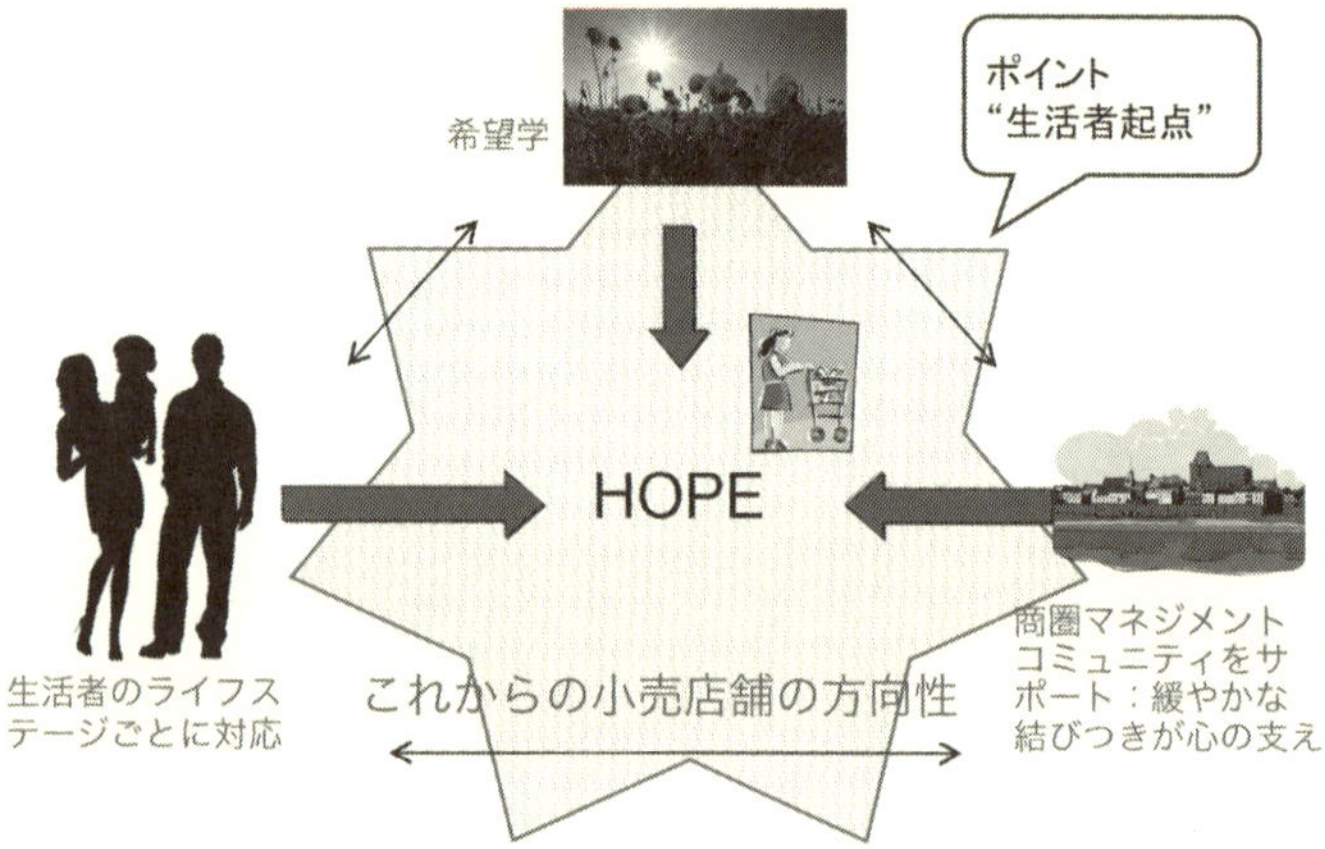

出典：著者作成

すべき希望創造型小売店舗の枠組みを（図表3－⑤）に示しておく。

この第3章では、生活と小売に関する本質的ニーズを深層心理から探り出し、図解してわかりやすく解説した。そしてこのニーズを満たしてこそ、生活周りの希望が活性化されることを述べ、そのキー概念となるのが商圏マネジメントであり、その手段として生活者同士が緩やかなつながりを持つことのできるコミュニティづくりが大切であると説明してきた。

次章では、本章で説明した生活者のニーズから、生活周りの希望活性化を小売店舗で実践する際に具体的にどうすればいいのかの実験案を構想していく。

第4章

希望を生み出す
店舗実験案の構想へ

前述のように、「希望」は、小売側が意図的に創造することは難しい。しかしながら、たとえば小売店舗において、ライフステージ別にコーナーを設け、希望を喚起する仕組みをつくり、主として商品提供・情報発信を通じて、顧客も気付いていない深層心理に潜む希望を掘り起こせるのであれば、その希望に付随して発生する需要の大きな塊を顧客の喜びと共に十分獲得できるだろう。

このような仕組みを小売店舗で実現できれば、店舗にとって固定的なロイヤル顧客が増大し、利益の増大に直結することになる。このようなロイヤル顧客は多少の価格の高さを容認することができ、小売チェーン間で価格競争の必要性は低くなり、利益率は高くなるだろう。※16

未来店舗実験の具体的な構想※17

前章で述べた調査結果についてであるが、我々は、２０１０年1月にフェーズⅠの結果に関する大規模なフォーラムを開催した後、その結果を元に新たに研究会参加企業を募り、新体制で新たな産学協働プロジェクトを開始した。これが第2ステージ（フェーズⅡ）となる後半の研究段階だった。途中での企業の入れ替わりはあったが核となる14企業が参加、そのほか多くの協力企業が参加して、２０１２年夏まで研究会が何度も開催され、震災の影響で遅れを出したが、同年11月に北海道のコープさっぽろ西宮の沢店で、限定的だが、実験するまでにこぎ着けた。

この実験に関しては次章で詳しく述べるが、本章で構想した実験案に基づいて大掛りなセットをつくったり、店のコンシェルジュとして人を配置したり、店長や店員の方々の顔写真を貼り込んで、手描きで商品ＰＲを書き込んだＰＯＰを売場に置くなどの実験であった。

最終的にフェーズIでは、前章で述べたように、デプスインタビューや1000名を対象としたWebモチベーション・リサーチ、スーパーマーケットの店長・店員インタビューなどから得られた生活全般に関する、希望活性化の種となるような、数多くの潜在ニーズを実現するために、これらのニーズをもっと具体的に小売が対応できる項目に落とし込んでいった。

フェーズIの結果については前章の図などを振り返って見られたい。まずはフェーズIでの内容から得られた課題を説明しておこう。なおその時のWebモチベーション・リサーチの被験者は次のとおりであった。

① 第一子を妊娠中(200名)⇒妊娠期
② 第一子が未就学児(200名)⇒未就学期
③ 末子が幼稚園・保育園~小学校3年生(200名)⇒就学期
④ 末子が小学校4年生~22歳(200名)⇒就学期
⑤ 既婚で子供が同居していない60歳以上(200名)⇒シニア期

これらの調査結果からディスカッションを通じて具体的に落とし込まれた課題項目は次のようになった。

①　ライフステージごとの潜在ニーズを刺激するライフステージコーナーの創設と情報発信
②　ヤオコーで人気のクッキングサポートを進化させたコンシェルジュ・コーナーとしての「売らない場」の創設と顧客貢献
③　商品関連での旬・鮮度の一層の活用
④　従来「効果が薄い」といわれてきたサイネージの再生
⑤　店内や商圏の住民に対するボランティアの一層の活用
⑥　特定の場所に宅配することにより、需要を拡大する「外部コミュニティの創造」
⑦　駅ナカ店舗・駅ビル店舗を活性化する「移動コミュニティの創設」

これらの課題を、総合クロスMDチーム（参加企業4社）、旬・鮮度チーム、IT（サイネージなど）チーム、商圏コミュニティチーム、店内（「売らない場」など）チームなどに分かれて、再度課題ごとにデプスインタビュー、Webによるモチベーション・リサーチ、ディスカッションを実施し、小売店舗での実験仮説をつくっていった。結果的に、もしすべての実験仮説を店舗で実験するならば、その作業量があまりにも膨大となることがわかったため、希望創造に向けた小売店舗実験施策案をコープさっぽろ向けに次の五つの課題に絞った。

（課題①）クロス・マーチャンダイジング

「オーラルケア」「菓子」「牛乳」「アルコール＆ノンアルコール」におけるライフステージ別クロスMDを実践する。希望活性化訴求ポイントがライフステージ別に異なることが特徴である。結果的に製品カテゴリー別にチームを分けて調査・ディスカッションを実施した。実験はライフステージコーナーで実施し、いかに通常の売場の棚、すなわち定番コーナーにつなぐかを検討することになった。

（課題②）旬・鮮度

旬・鮮度の原点が、味の良さに加えて、生鮮食品のもつ生命力の体内への取り込みであることを確認し、いかに売場で生かすかの検討を行った。総菜などのできたて、ミンチなどの挽きたて、刺身などのおろしたて、青果物の仕入れたて、パンなどの焼きたてなどの情報をどのように顧客に伝えるかを検討。デジタル・サイネージ、印刷、コトPOPなどの店内情報システム活用を検討。

（課題③）店内：売らない場

コンシェルジュ・コーナーとして顧客へのケアを中心として、顧客相互交流のアシストを行い、広く商圏の生活者にオープン型コミュニティの情報発信（実施日時、場所、内容など）を行う。このオープン型コミュニティとは、プロフェッショナルがイベントを開催し、参加者を募集するものである。加えて、妊娠ステージ、子育てステージの主婦のお悩み相談、ライフステージコーナーに関する質疑応答、ボランティアのマッチング登録なども検討した。最後のボランティア登録については作業量の多さから今回は外すことになった。

（課題④）商圏：外部コミュニティの創造

これは商圏住民の希望活性化を目的とするコミュニティづくりで、場所の確保、人集めで商圏内での住民の活動を活発化させて、その場に発生する商品需要を宅配ならぬ場所配で満たそうとする試みである。商圏マネジメントはこの項目が最も関連深い。しかしながら、今回の実験では手がかかりすぎるため、店内イベントに留めることになった。

（課題⑤）情報：店内の店長・店員（パートを含む）による情報発信の活発化とサイネージの利用

これは店舗のファンは人につくという前ステージ研究の結果から、店長・店員と顧客の距離を縮め、顧客ファンを増やして店長・店員のキャスト化を図ることを目的とした。これが店長・店員のやる気を引き出し、店内での自発的工夫を引き出せるかを検討した。

実験実施範囲は店内だけに限ったが、上記の項目でおおよその構想を図示すると（図表4－①）のようになる。この図表での未来店舗の実験課題は、大きく分けて、商圏をどうするかと、店舗内をどうするかの二つに分かれる。小売店舗の商圏には、いろいろなコミュニティが存在している。これらコミュニティに関しては、需要拡大の機会はあるが、まだ取り込みきれていない。そのため店舗レベルでコミュニティをアシストすることで、需要拡大の機会を取り込むきっかけとなり、ビジネスチャンスにつながることになる。

ただし、この図表の右端にＩＴを用いた外部コミュニティの部分があるが、実験するには大掛りになりすぎ、この部分は今回の実験から外すことになった。

具体的な店舗実験課題

（図表４－①）

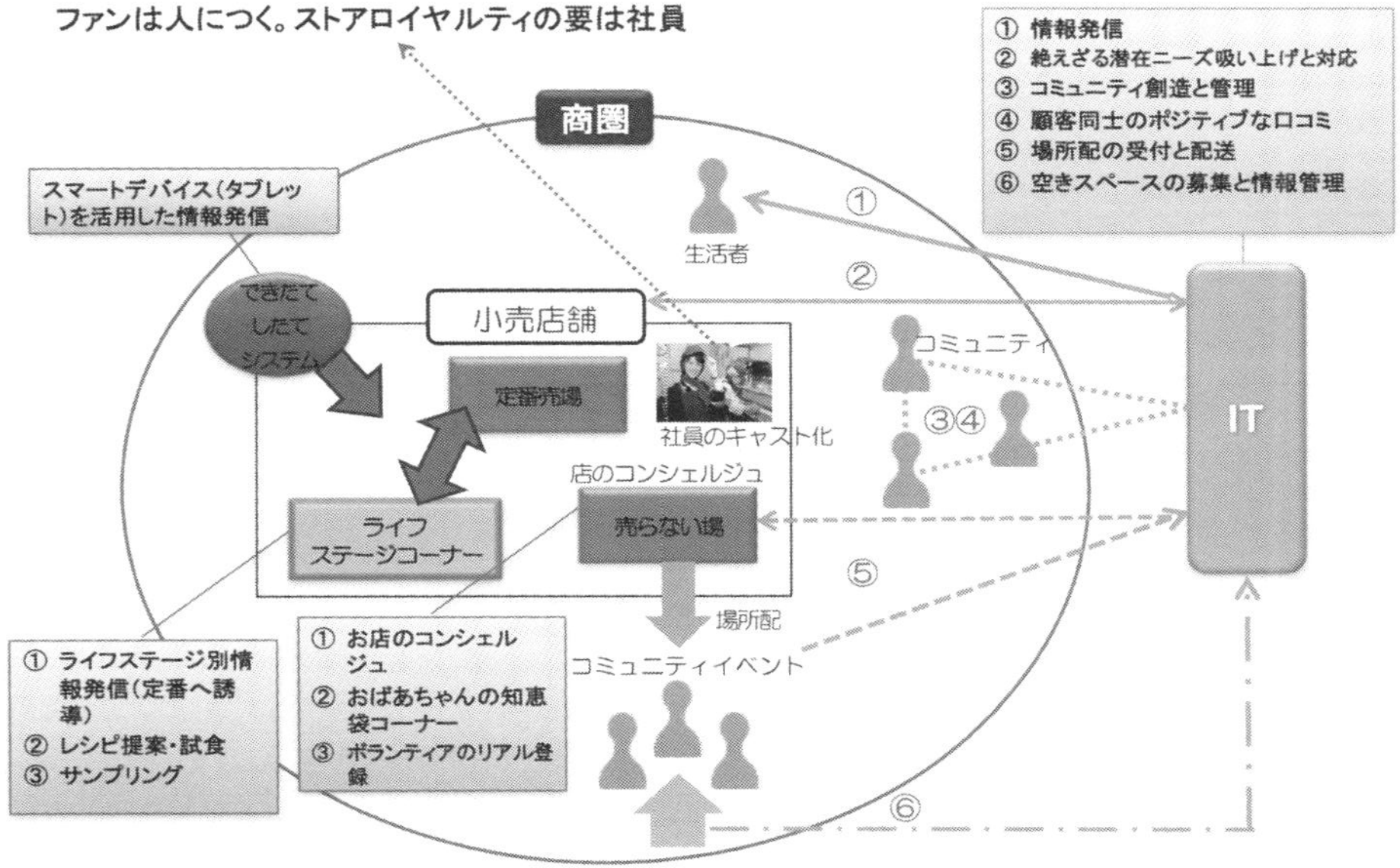

出典：学習院マネジメント・スクール資料より

店内に関しては、ライフステージコーナーを店舗内の目立つところにつくって、ステージごとに、希望活性化に役立つ情報を商品にからめて出していく。「売らない場」としては、生活者をアシストする場にしていくことが必要である。そして前述のようにファンは店舗従業員につくため、いわばディズニーランドのように店舗従業員のキャスト化を図ることが重要となる。それから、できたて・旬などに消費者は敏感であるため、それもうまく対応しなければならないということだ。

仮説実証のための店舗実験へ

研究会のフェーズⅡとして、メーカー、卸、小売、ＩＴ企業、そして我々大学の産学協働プロジェクトを起こした。参加企業団体4カテゴリーの商品を中心に商品と商品を組み合わせる販売促進であるクロスＭＤを行い、店舗でライフステージ別に希望活性化のための情報を出していく実験を、２０１２年11月にコープさっぽろ西宮の沢店で行った。店舗の外観は（図表4－②）のようになる。

商品は、参加の3メーカー、そして1団体などから提供してもらい、システム会社にも協力してもらった。研究会フェーズⅠの成果をもとに、五つの課題に取り組むことになった。これをわかりやすくまとめたのが（図表4－③）である。この図表の課題番号は前述の課題の番号に対応している。

本書では、クロスMD、ライフステージコーナーの展開、コミュニティの創造と、店長、店員による情報発信・キャスト化の話、そして旬・鮮度の話を中心にして説明をすることにする。

店舗実験の実施　コープさっぽろ西宮の沢店　　（図表４－②）

出典：www.coop-sapporo.or.jp より

店舗実験の実施　コープさっぽろ西宮の沢店　　（図表４ー③）

研究会フェーズⅠ（2009年）の成果としての5つの発見課題

生活者は、潜在意識下で売場に対して、モノだけではなく希望を求めている！

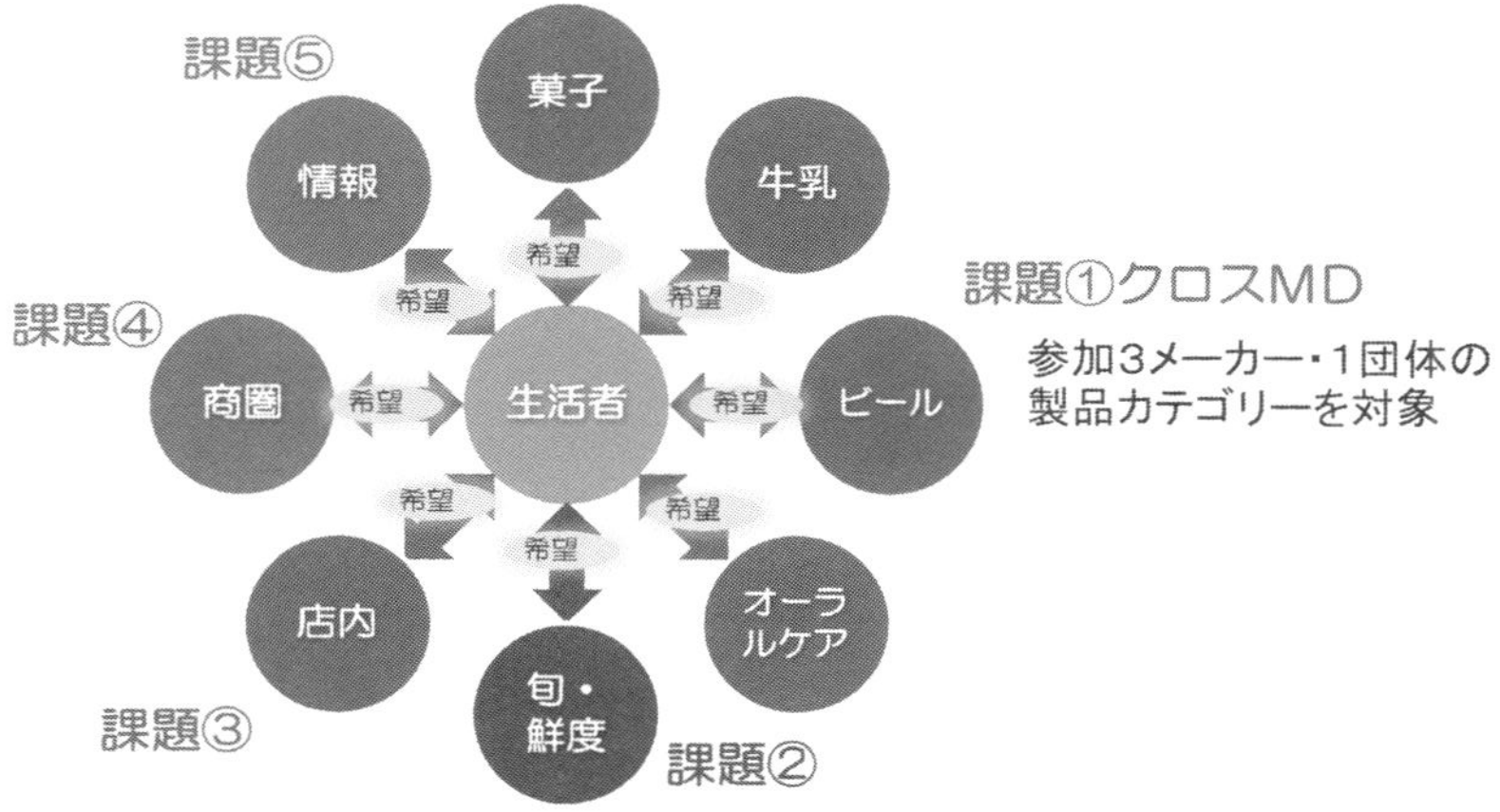

出典：学習院マネジメント・スクール資料より

特に重要なのはクロスＭＤ

小売では、通常、店舗の定番棚とエンドからメッセージを出している。しかし、それだけではあまり強力なメッセージであるとは思えない。価格情報が中心で、「エンドに置いてあるものは安売りになっているだろう」と顧客も認識しているからである。私には定番売場のＰＯＰも弱いと感じられる。なぜかというと、ニーズが全然違う顧客に対して、同じメッセージを出しているからだ。同じメッセージでは、安い、それから美味しいというのが効きやすい。でも、それだけではいけない。どうしたら提供する商品の本質に近付けるかということが大事だ。

新たなセールス・プロモーションの場所としてのライフステージコーナー

そして、重要なことは、新たなSP（セールス・プロモーション）の場所として、（図表4－④）にあるようにライフステージコーナーをつくることである。小売から顧客への情報伝達の方法には、地域マス広告、チラシ、ダイレクトメール、スマートフォンやインターネットがある。そして定番売場のPOP、エンドで情報を出すくらいしかない。これらは最近それほど力強い効果を見せていないようだ。

各メーカーの中でもブランド力の強い商品、いわゆるA級商品は広告宣伝費が潤沢で広告量が多いため、顧客が直接指名買いする。ただ、すべての商品が広告されるわけではないので、広告量の少ない、あるいはまったくないB級、C級の商品は厳しい状態に追い込まれる。その商品があることすら顧客に知られていないことも多い。

そこで、店舗内にこの図表のようなライフステージコーナーを設けて、希望活性化と絡めて紹介していくことが効果的である。そうすると、顧客は「そういう商品があったの

新たなSP場所の創出：現場での情報発信エリア　（図表4－④）

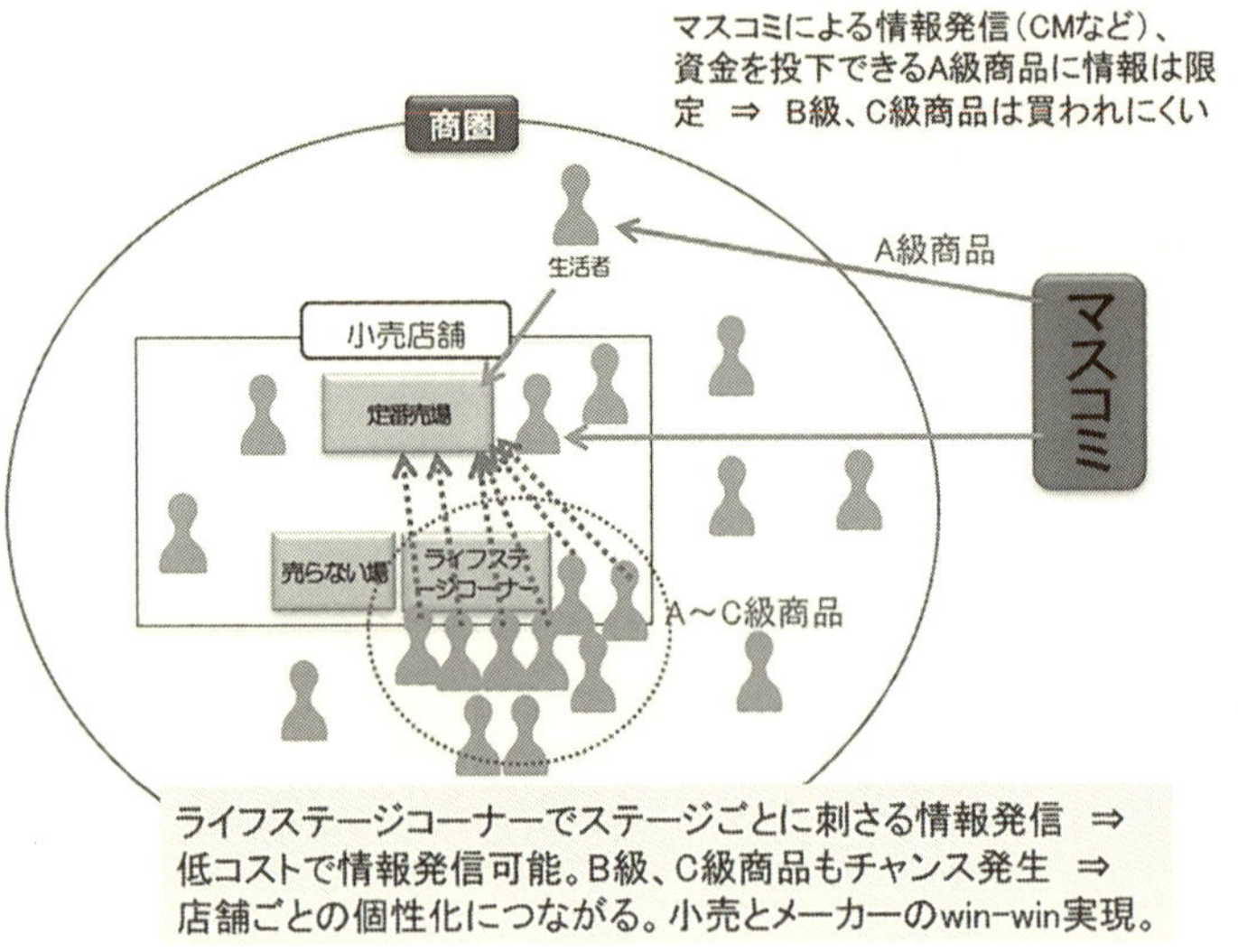

出典：学習院マネジメント・スクール資料より

か、なかなかいいじゃないか」となり、そして、定番売場に行ってそれを買うという流れが生まれる。このように情報を提供する場がライフステージコーナーだ。B級、C級商品が売れることは、店舗の個性化につながり、他の競合チェーンと差別化しやすくなる。ただし、目立つ場所に設置することが工夫として必要である。

ライフステージごとに商品情報を提供

今回の実験では、妊娠期、子育て期、子離れ期、シニア期、四つのライフステージを設けた。そして、前述の「オーラルケア」「菓子」「牛乳」「アルコール&ノンアルコール」の四つの商品に対して、試食や展示、サンプリングを行い、興味を持った顧客を定番売場に誘導する試みを行った。ずっと同じ表示では顧客が飽きてしまうので、表示する内容は変わらないが、ほぼ1週間おきに見せる面を変えて、全ステージ向けの展示が正面に来るように工夫し、目立つものを変える対応をして変化を付けた。子育て期のステージでの訴求案を事例として示しておこう。（図表4−⑤）を参照されたい。

ここでは、顧客の潜在ニーズに四つの製品カテゴリーのクロスMDで相乗効果をつくり出す試みをしている。菓子ではオーガニックやアレルギー情報。それから、デコ料理レシピ、つまり菓子で飾りをつくったり、楽しいものをつくったりすることなどの提案である。牛乳では、親子でスイーツづくりや、子供の栄養、骨格の成長などの提案がある。アルコール&ノンアルコールはママ友会の息抜きなどがある。オーラルケアでは子供の虫歯予防などがある。これらだけを個別にバラバラに見ると、どこにでもある普通の訴求だと思えるだろう。しかし、この組み合わせが相乗効果をもたらすシーンとはなんだろうか。

たとえば、小さな子供を育てるお母さんは、天気の良い日はどこに行くだろうか。普通は、公園がすぐ思い浮かぶだろう。けれど雨が降ったら行くところがなくなるので、児童館、ママ友宅に行くことが多くなる。ママ友宅へ行くと、息抜きのためのノンアルコールビールを飲み、そして子供と楽しく過ごすためにお菓子をつくり、みんな一緒に食べることが多い。最後に子供の歯磨きをして帰るとなると、きれいにこのシーンに当てはまることになる。特にこの図表の点線で囲んだ部分が相乗効果を出してくれそうである。これ

子育て期の事例　（図表４－⑤）
～訴求案：どういうシーンにフィット？～

訴求ポイント：子供に関する健康と成長・本人の息抜き

菓子

・オーガニック菓子、アレルギー情報
・デコ料理レシピ
・幼児用菓子、幼児用せんべいなど
・食育菓子、玩具菓子

オーラルケア

・子供の虫歯予防知識型提示（正しい知識）
・乳児～就学直前まで
（乳歯ケア、フッ素ケア、仕上げ歯磨き）
・喜び、楽しみとなる歯磨き方法提示
・この時期のふさわしい歯磨き（歯ブラシ）を展示
・幼児の歯育提案

アルコール＆ノンアルコール

・夫婦での会話促進
ビール、ミルクカクテル、ノンアルビール
・ママ友会（息抜き、情報交換）
・ミルク料理に合う飲み物提案
・商圏、駅ナカ、コミュニティ飲料パック情報提供
・家、ランチで息抜きノンアルビール提案
↑
ご褒美系もあり

牛乳

・親子でのお菓子づくり、
デコスイーツによるコミュニケーション強化
・子供の栄養、骨格の成長
・子供の好きなミルク料理提案
・旬の野菜の取れるクリームシチュー

出典：学習院マネジメント・スクール資料より

は、子育て期においてどのようなことが価値を持ち、普段子育てに悩んでいる人たちのストレスをいかに解消できるかという顧客への提案になる。

コミュニティの創造案

コミュニティづくりには、オープン型とクローズド型がある。今回は、オープン型のみ実験を行った。オープン型とはなにかというと、メーカーなどがイベントを用意して参加者を募集するような形式のものだ。そして、クローズド型とは、仲間内で集まるものを意味する。これこそが疑似家族で、本当はクローズド型が小売にとっては重要だ。このようなコミュニティをアシストする、つまり、施設が空いている利用可能な時間帯に「なにかをやりませんか」と呼びかけ、自発的に集まってもらうのである。あくまで顧客主導の仲間同士の集まりで、そのアシストをしてあげれば良い。そうすると利用者から口コミで、良い経験価値が伝わっていくことになる。

小売と顧客がwin-winの関係になるためには、店は宅配のような形で顧客が必要なものを届けて消費してもらうことである。これは小売にとって売上拡大にもなるし、同時に社会貢献の役割も果たすことになる。ハーバードビジネススクールのM・E・ポーターが主張しているような共通価値の創造（CSV）の実現に当たることになる。

店長・店員の情報発信・キャスト化

デプスインタビューを実施し、食品スーパーで良いと感じることをアンケートで一般の人々に聞いたら、「対面のない分、スーパーは無機質に感じるのですが、時々いい店員さんがいて、子供を連れていたりすると、会話があると楽になる時がある。自分がコミュニケーションをしたいのではないでしょうか」ということが書いてあった。続いて「人とちょっとコミュニケーションできるのが良いという気持ちが自分の中に潜在的にあったのかもしれない」と。でも、最後に「そんなに深くは関わってほしくないので、ちょっとしたやりとりが嬉しかったと思う」という続きがあった。こういう関わり方は前述の緩やかなつながり、つまりウィークタイズであり、失望を希望に変えていく作用を持つようだ。

他にも、スーパーでの良い経験という形でデプスインタビューをしていくと、人との関わりについての話がものすごくたくさん出てくる。たとえば、30－44歳、フルタイム勤務で末子が小学生である主婦は次のように述べている。「あのー（笑）ざっくばらんに言うとスーパーなんてどこも一緒だって思うんだけど、違うってなったら人かなーって。だってほんとにそこらの近所のおばちゃんみたいな人が売ってくれると私は近く感じる。……スーパーでもずーっとその誰かがいてほしいよね。……行けばその人がいて、その人に聞くとなんでも教えてくれて、こないだこれ買ったじゃないとかって言って、覚えてくれているとうれしいかな。近所のあのー商店街の人みたいな感じがー、あったらいいかな。そしたらほら浮気したら申し訳ないから、そこにいくと」

また45－54歳のパートをしていて末子が高校生である専業主婦は次のように述べている。「売場で買い物していると（店員さんが）今日はこんなのも出てますとか、ちょっとお得なこと、ボソッと教えてくれる。（商品を）ちょっと手に取ると、こっちのほうが今日はお得ですよとか。え、いいのにと思っても、こっち（がいいと）教えてくれると、（元のは）やめてそっちのにしたりとか、あの、産地とか（聞いて）も嫌がらずに聞きに戻ってくれて、……細かく丁寧にしてくれるので、そうすると、やっぱり好感度も上がるので、そこでいろいろ探してみようかなという気にはなります。ちょっと安心ですよね、並べていたり、関わっていたりする人がお薦めしてますよってなると、ま、踊らされてるだけかもしれないんですけど、ちょっと選ぶのに迷った時の、決め手にはなりますね。どこでこう言われてるとか、何々でナンバーワンとか、（ニュースで）採り上げられてますというよりも、売ってる人がいいよって言ってくれるほうが」

これらは、トレーダー・ジョーズのようなロイヤルティを上げる手段と一致している。これらを見ても、インターナル・マーケティング、つまり店舗従業員がやる気を出し、顧客と楽しく話をする小売の仕組みが重要だということがわかる。店舗のファンは人につきやすいということに尽きるのだ。この辺りの記述を（図表4－⑥）に載せておこう。

店内活性化：店長・店員による情報発信・キャスト化案　（図表４－⑥）

店内対応の重要性を示すデプスインタビュー結果

●50代主婦の回答

Q　食品スーパーで良いと感じること

「うーん、店員さんと話すとき。…変わった店員、たとえばレジスターのおばちゃんがいたりすると、いいのよね。これ、何とかなのよねとか商品についての話をしたりしましたね。

…うん、とてもローカルなというか、…レジでこれいいわよとか（笑）。**対面がない分、スーパーって結構無機質な感じと思うんですけど、時々すごくいい店員さんがいて、子供とか連れていたりすると、そこでそういう会話があるとふっと楽になる時がありますよね。**

…**自分がコミュニケーションしたい**んじゃないでしょうかね。最近は、もう自分の方からしゃべっちゃったりもしますけど、まだ子供が小さいときか、周りとそんなに関わりがないとき、核家族なので、…**人とちょっと関わりがある、コミュニケーションできるのがいいということが、自分の中に潜在的にあった**のかもしれないですよね。だけど、**そんなに深く関わってほしくない**ですよ、『どこに住んでるの、何をしてるの』とかじゃなくて、**ちょっとしたやりとりがやっぱり嬉しかった**んだと思いますよ。」

Q　ここは無機質なスーパーだなとどこで感じるか

「ただ単にものを並べるだけの店員さんですよね。何だろう、気を利かせて、お客様のためにとかやってない人たちかな。何を一番しなくちゃいけないかというと、やっぱりお客様へのサービスだと私思うんですね。それをしっかりやってくれるスーパーとかはとても助かるんです。**これから私たち高齢になっていったりすると、やっぱり、店員の人にも親切な気持ちを感じられるというのがいいスーパー、今度もう一度行って買おうかしらと思う**のがそうだと思うんですね。」

出典：学習院マネジメント・スクール資料より

旬・鮮度の意味※18

『日経ＭＪ』２０１３年6月9日号の記事に宮崎県小林市の四位農園の話が出ている。この企業は、以前は普通の大型農家だったが、２００6年に自社工場を設けて加工事業に参入した。そして顧客ニーズに合った冷凍野菜や乾燥野菜を生産する「オーダーメード型の農業」に変身を遂げた。その業務内容は着実に広がり、味の良さや安全性が評価されて、イオンなど小売業や外食産業であるロック・フィールドなど大手企業がこの野菜を採用し、栽培面積はこの10年間で2倍以上に広がっており、著しい成長を見せている。

代表的な商品の一つがホウレンソウであり、自社農園で収穫したばかりのホウレンソウを近くの加工工場に運び、食べやすい大きさにカット。高性能の真空冷却装置で一気に冷やし、鮮度や風味を閉じ込めた状態で出荷している。ホウレンソウの場合、旬が冬場であり、露地栽培しているため、栄養価が高い。そのうえ、作物が育ちやすい時期を選ぶことで栽培コストも軽減できるという利点も加わった。この企業の強みは、旬の野菜の鮮度を真空冷却装置で瞬間に閉じ込め、その味、栄養価が高いままで出荷できる点にある。

また生鮮もの以外の例では、ヤマサ醤油の「鮮度の一滴」やそれに追随したキッコーマンの「いつでも新鮮しぼりたて生しょうゆ」も鮮度を長く保持できるパッケージを工夫して、鮮度を売り物にして人気がある。そしてアサヒビールは、主力商品のスーパードライを製造後三日以内に工場を出荷するという「鮮度実感パック」を出している。これに対し、キリンビールでは、岩手県遠野産の収穫直後の旬のホップを使い「一番搾り とれたてホップ生ビール」を限定生産で発売している。

これらの例で見られるように、企業または商品はなぜ旬・鮮度を重視したビジネスモデルを実施するのだろうか。旬・鮮度は食料品、特に生鮮ものにとっては非常に大きな強みを発揮する。しかしながら、そもそも肝心の旬・鮮度とは一体なにを意味するのであろうか。単にその味の美味しさだけなのであろうか。もしそうでなく、それ以上の意味があるとしたら、小売業や外食産業においては、従来の旬や鮮度の訴求方法はまだまだ不十分と言えるのではないか。

旬・鮮度は、言葉なしに、理屈も超えて世界の人々にその価値が共感されている。たとえばイタリアの食品小売であるイータリーは、入り口のところに巨大な旬マップがあり、旬の重視具合は半端ではない。（写真4－⑦）を見ればよく理解できよう。

旬や鮮度には、その商品のもつ生命力の強さがある。それを求める強さがライフステージによって異なる可能性がある。もしそうであれば、ライフステージごとに異なる訴求をすることが重要となるだろう。

ここで過去実施したデプスインタビューの回答結果の一部を抜粋して示してみよう。これは鮮度に関する40代主婦へのインタビューである。

●「目に見えてわかる旬なものは、そうですね、食べたいし、買いたいし、ですね。…やっぱり今が美味しいといわれるものは、やっぱりいいですね。…またボージョレ・ヌーヴォーも、毎年、やっぱり飲んでみようと思うし、…一応、季節感のあるものは、食べるようにしてますね。それはやっぱり、ああ秋がきたなとか、冬がきたなとかですね」

イータリーの旬マップ　　（写真４－⑦）

出典：著者撮影

この回答では、被験者が季節感を大事にし、旬を重視していることがわかる。

●「夏はやっぱり疲れやすいからこういうものを食べたほうが疲労回復につながるよとか、冬はこれなら風邪をひかないよとか、それぞれなにか言い伝えなのかわからないですけど、その時にたくさん取れるものを、あんまり考えてはないんだけど（笑）、食べるようにしてますね」

ここでは旬が健康上、特別な意味を持つと漠然と考えていることが推察される。
次のステートメントは、プロモーションや売場デザインへのヒントを与えている。

●「イチゴ狩り。やっぱり緑の中でイチゴがたらんたらんとぶら下がっている。それはすっごい前から印象に残っていて、もぎたてというか、イチゴがとても甘くて美味しく感じた。…もぎたてのイチゴですね。…やっぱりその場でもぎ取るのではなく何時間かたっているだけで、もぎたてにはかなわないという感じ（笑）」

●最近は行ってないんですけど、それこそ京都なんかへ行った時は、お料理とか食べる時に、よく器の横に、必ずなにかそういう季節のものがちょっとあしらってあったり、置いてあったりなんですね。それで、ああ、そうか、こういうことをすれば季節感が出るし、なにかきれいだなというのは割と頭にあります。とはいえ、家ではそんなことはしない。お客様が来られた時に、こういうふうに出せばおもてなし的にいいんだろうなって思うものの、バタバタして、そんなの取りに行ってる暇もないです（笑）」

ここでは旬の演出が味のイメージを良くし、より価値を高めることを示唆している。売場のつくり方や外食時での工夫が味への感じ方をプラスにシフトさせるのであろう。

●「元気を少しでも感じられるようなものを病気の方にはあげたい。気分が前向きになるというか……」

ここでは旬のものを「元気を与えるもの」と捉え、これらが病人にとって取るべき良いものだということが潜在意識にあることを示唆している。

上記のデプスインタビューの結果に基づいてＷｅｂモチベーション・リサーチを行い、

自由回答を得た後、テキスト・マイニングを用いて解析を行っている。この主な結果を示しておこう。対象者は、異なる六つのライフステージ層ごとに80サンプルずつ合計480サンプルだった。このライフステージ層は、子供なし夫婦のみの主婦、妊娠中で夫婦のみの主婦、末子が未就学の主婦、末子が就学（小学4年生まで）の主婦、末子が就学（中学〜高校）の主婦、子供が独立非同居の主婦を均等に割り付けた。

質問項目1は次のようであった。「主婦Iさんは友人Jさんと買い物について話している。その際、Iさんは Jさんに対し、『スーパーで鮮度の良いものを見付けると楽しくなる感じがするわ』といっていました。なぜIさんは〝買い物が楽しくなる〟と思ったのでしょうか。Jさんが考えたその理由を20字以上で自由にお答えください」

この質問に対する自由回答に対してテキスト・マイニングを実施して次の（図表4－⑧）のような結果を得た。

この図表は、共起集合といい、言葉のつながりの多いものを表示している。加えて、つながっているグループの言葉を含む自由回答をアンケート結果から抜き出し、それを記入

旬・鮮度に関するアンケートに対するテキスト・マイニング結果

（図表４－⑧）

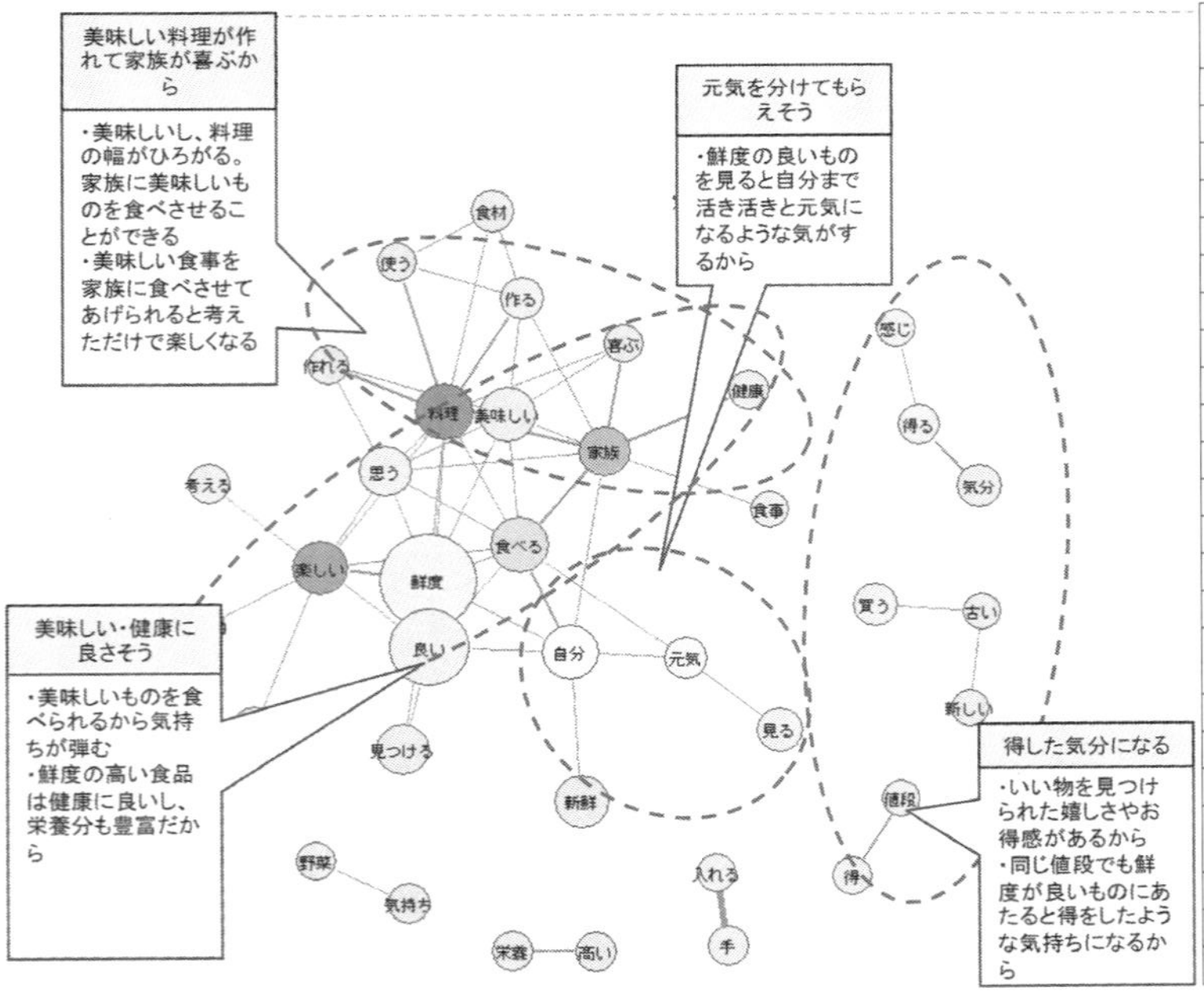

No.	カテゴリ	件数	全体(%)
1	買い物が好きだから	4	0.8
2	料理が好きだから	10	2.0
3	メニューを考えるのが楽しくなる	45	9.0
4	店舗に信頼がおける	8	1.6
5	買い物上手だと思える	17	3.4
6	得した気分になれる	63	12.6
7	美味しい料理をつくれるから	96	19.2
8	見た目が良いから・キレイだから	23	4.6
9	美味しい・美味しそうだから	32	6.4
10	健康に良い感じがするから	45	9.0
11	古いより新しいほうが良い	5	4.8
12	栄養が多いのが分かる	25	5.0
13	季節を感じるから	5	1.0
14	身体の中からキレイになりそう	5	1.0
15	自分の鮮度も上がりそうだから	30	6.0
16	エネルギー・元気を分けてもらえそう	46	9.2
17	家族が喜ぶから	53	10.6
18	メニューの幅が広がる	10	2.0
19	達成感・満足感が味わえるから	64	12.8
20	鮮度の良いものを求めているから	14	2.8
21	その他	17	3.4
	不明	0	0.0
	N（%ベース）	501	100

出典：学習院マネジメント・スクール　「未来店舗の本質研究会」資料（2012）

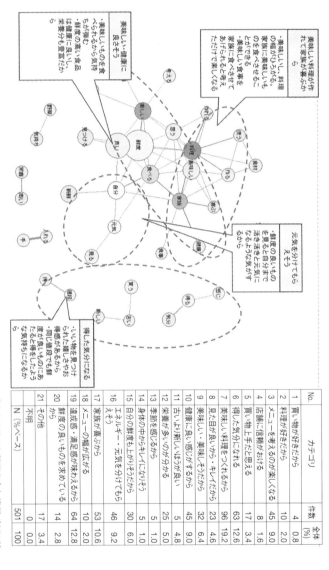

し、そこからなにを意味しているのかを推測するのである。これを見ると、鮮度をポジティブに評価する理由として、「美味しそう、家族が喜ぶ、得した気分、健康に良さそう」が見て取れるが、加えて、「元気を分けてもらえそう」というのが見て取れる。これは前述のデプスインタビューで見られた旬・鮮度の回答結果と一致する。また右側の表示の主要キーワード・コーディングの中で9・2％もの出現率があることがわかる。

続いて次のような質問項目2を聞いてみた。「主婦Aさんは友人Bさんと鮮度についての会話をしています。その際、AさんはBさんに対して、『鮮度の良い物を食べると元気になる感じがする』といっていました。それを聞いたBさんはその理由を考えました。Bさんはどんな理由を考えたでしょう？　20字以上で自由にお答えください」

この質問項目は、鮮度が元気の源になる理由を尋ねるモチベーション・リサーチである。同様にテキスト・マイニング分析を実施した結果、栄養が豊富であるという回答が最も多かったが、「新鮮な食べ物を食べると、その食べ物からみなぎる命のパワーをもらえる」「新鮮な食べ物には、命のパワーがたくさん残っている気がする。そのパワーをもらうことで元気になるのかも」という注目すべき回答が、主要キーワード・コーディングの中で15%もの出現率が見られた。

以上を考慮すると、旬・鮮度（もちろん両者の区別は必要だが）の最も重要な潜在価値は、「最も生命力のあるものを食べることによってその生命力が自分に宿ると潜在意識で感じられている」ということではないかと考えても良い。また回答者を、上記のライフステージ別に分類して検討してみた。すると妊娠期が最も生命力に関する言葉が多く、「妊娠期はコミュニティとの交流が希薄になり、子供のために自分が生命力を得たいという願望が強い。また気分が落ち込むので元気になりたい願望もある」ということが明らかになった。

以上を考えると、商品の旬・鮮度の見える化を図り、かつ旬・鮮度の良さを感じさせるセールス・プロモーションや売場づくりの工夫が必要であることがわかる。特に妊娠期のライフステージにとっては重要かつ効果的であろう。

この第4章では、生活周りの希望活性化を小売店舗で実践する際に具体的にどう実践すればいいのかについて、まず次の課題を出した。

①ライフステージごとの潜在ニーズを刺激するライフステージコーナーの創設と情報発信
②ヤオコーで人気のクッキングサポートを進化させたコンシェルジュ・コーナーとしての「売らない場」の創設と顧客貢献
③商品関連での旬・鮮度の一層の活用
④従来「効果が薄い」といわれてきたサイネージの再生
⑤店内や商圏の住民に対するボランティアの一層の活用
⑥特定の場所に宅配することにより、需要を拡大する「外部コミュニティの創造」
⑦駅ナカ店舗・駅ビル店舗を活性化する「移動コミュニティの創設」

そしてこのうち①~③を中心に、さらに小売における従業員のキャスト化も含めて検討を行い、実験案を模索した。⑥に関しては店内で部分的にクローズド型のコミュニティで対応することを述べたが、次章ではコープさっぽろの西宮の沢店での実験の様子を描き、その結果を解説していく。

第5章

コープさっぽろ西宮の沢店での実証実験

実験の概要

コープさっぽろ西宮の沢店で、２０１２年4月26日から11月27日にかけて実験を行った。この期間は、結果的に最悪の実験期間となった。10月中旬にディスカウント業態のトライアルがスーパーセンタートライアル富丘店と同じ商圏にオープンして、低価格競争が始まった時期だったからだ。コープさっぽろの利用者数は、10月・11月はだいたい同数になるのが通例だが、11月は来店客がかなり減少してしまった。しかし、それにもかかわらず売上はコープさっぽろ全体平均と遜色のない立派な伸び方になった。

ライフステージコーナーの展開を行い、旬・鮮度の活用も実施した。しかしながら、北海道で11月ともなると旬の野菜はなかったので、旬を閉じ込めるという形で干し野菜の実験及びピクルスでの訴求を行った。また「売らない場」を設置して、そこにコンシェルジュを置き、トレーダー・ジョーズのようにはいかないものの、顧客のお世話をする係を設置した。そして、外部コミュニティ創造として、ミルクの飲み比べ実験を実施した。これはオープン型コミュニティの店内実験である。そして最後に店長、店員による情報発信、キャスト化も行った。店舗における実験の実施場所は（図表5－①）に実線及び点線で囲んだところである。以下それぞれ詳しく見ていこう。

ライフステージコーナーの展開

ライフステージコーナーといっても来店する顧客には通じないので、「明るいくらし応援隊」として、（図表5－②）のように各ステージの、専門家作成によるアイコンをつくって打ち出した。アイコンは大事だ。一目でそこがなんの場所かわかるようにするには、文字で書いてもダメで、絵などで一瞬にしてわかるようにしていかなければならない。一週間ちょっとずつ、妊娠期の顧客は少ないので短めだったが、キャッチフレーズをつくり、たとえば子育て期なら「楽しい子育て、再発見」をポイントとし、それに付随するような訴求を展示や試食、サンプリング（試供品提供）で行った。

店舗実験施策案の実施場所　　　　　　　　（図表５－①）

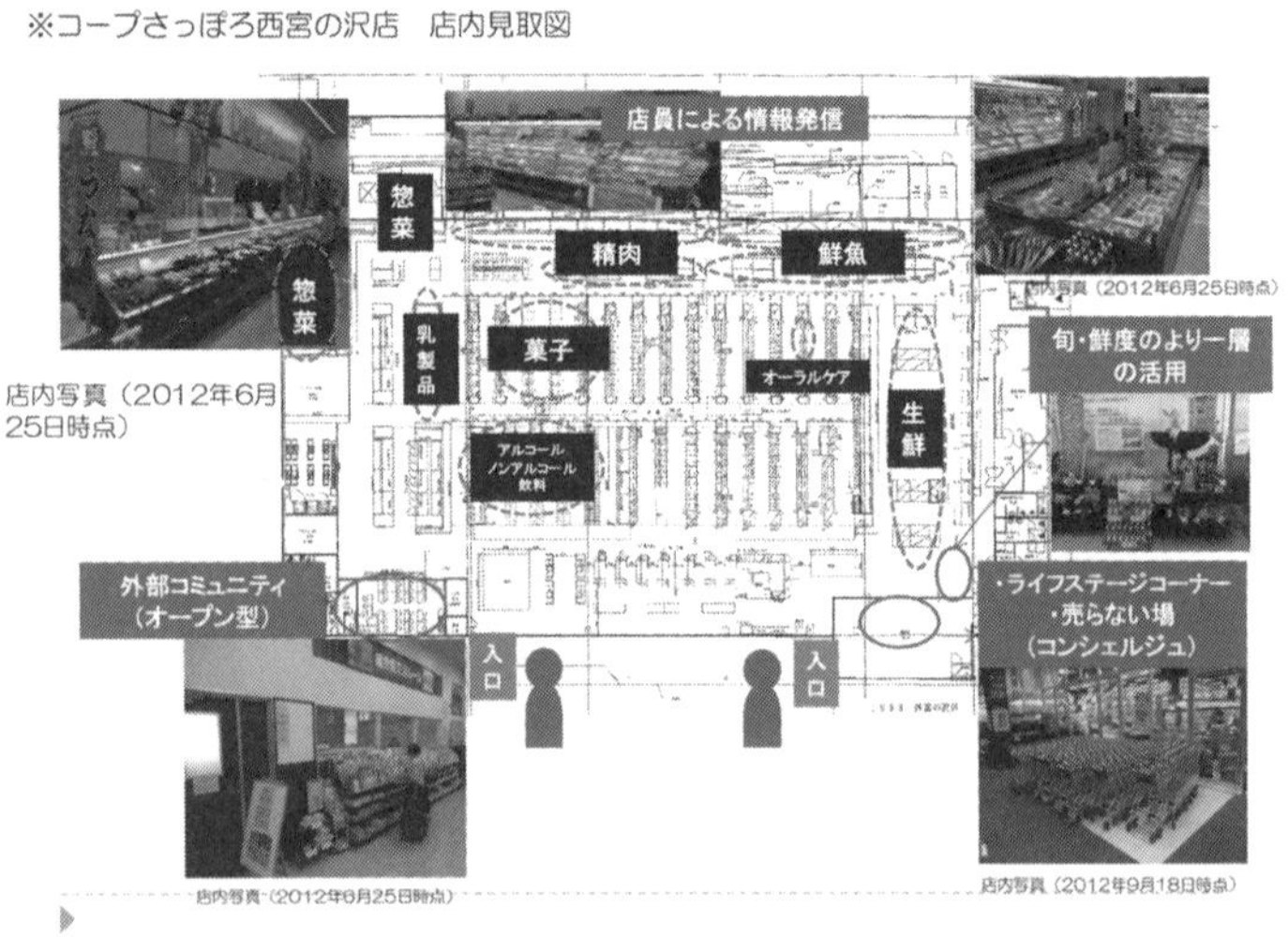

出典：学習院マネジメント・スクール「未来店舗の本質研究会」資料（2012）

ライフステージコーナーで実際に行った実験内容：クロス MD にのみ言及　（図表 5 –②）

ライフステージは、実験店舗の客層を考慮したうえで、以下の4ステージに設定。

実験期間中に変化をつけるため、入口すぐの目につく面（メイン面）を一定期間で入れ替え。

メイン面	正面にくる期間	大テーマのキャッチ	生活者の希望ポイント
妊娠期	2012年11月24日（土）〜 2012年11月27日（火）	あかちゃんを待ちながら。	未来、希望、夢
子育て期	2012年11月3日（土）〜 2012年11月9日（金）	子育てを楽しく。	楽しい子育て、再発見
子離れ期	2012年11月17日（土）〜 2012年11月23日（金）	子ばなれレッスン中。	自分、再発見
シニア期	2012年11月10日（土）〜 2012年11月16日（金）	かろやか、やさしさ、きぼう ワンダフルエイジング世代	ときめきを、もう一度

出典：学習院マネジメント・スクール「未来店舗の本質研究会」資料（2012）

店舗入口のカート置場を急遽展示棚コーナーとして、4畳半程度の広さの展示小屋をつくり、外部・内部が見られるように工夫されている。（図表5－③）を参照されたい。この図表では子育て期のアイコンが正面に来て、そのほかのライフステージの展示は別の側面になされている。

対象商品を提示しているメーカー別に、希望活性化につながるようなテーマを打ち出し、どのようにして楽しく子育てできるか、どのように子供の成長につながるかを訴え、ライフステージに響くようなものを提案していった。そして、子育て期について述べると（写真5－④）のように楽しげに棚を表現している。

この棚では、参加トイレタリー企業の商品で、歯磨き粉、歯ブラシ、デンタルリンスなど定番売場では別々になっているところを一つにそろえて、「オーラルケアワールド」をつくって展示した。子供が手に取ってみたり、子供の歯磨きのしつけで悩む親が近くにいるコンシェルジュに相談をもちかけるきっかけとなったりした。ここでも売上高ランクから測ったB級、C級の商品があって、たとえば雪印メグミルク「1才からのチーズ」は、

ライフステージコーナー　（図表5－③）

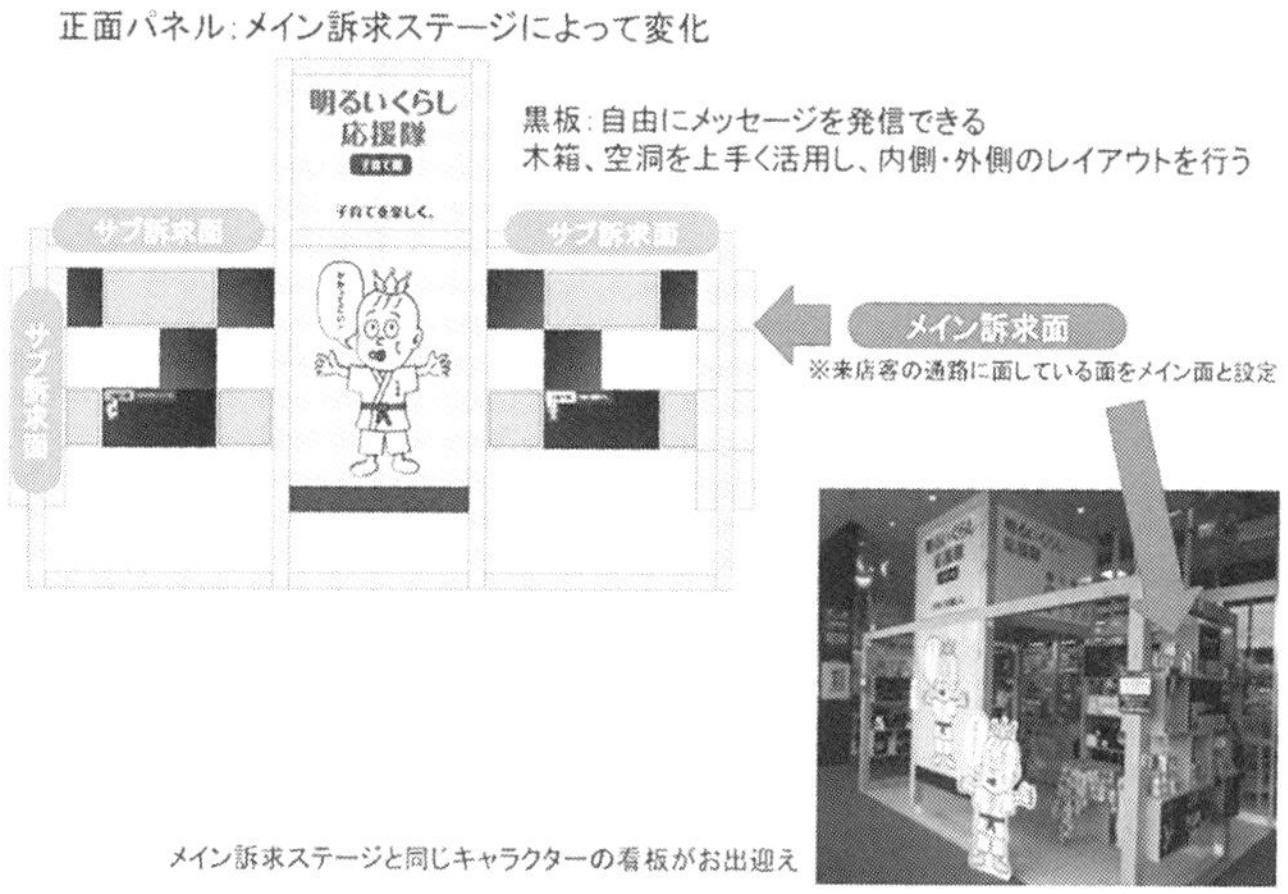

出典：学習院マネジメント・スクール「未来店舗の本質研究会」資料（2012）

子育て期展示（一部）　　　（写真５－④）

□通路側

新米お父さん・初孫ができた方々も
興味津々

□内側

●ステージテーマである「子育てを楽しく。」にマッチするよう、お母さんと子供が一緒に楽しく見られるように絵本・ミニぬいぐるみ・イラストを多々起用

出典：学習院マネジメント・スクール「未来店舗の本質研究会」資料（2012）

「こんな商品があるのか」と非常に反応が大きかった。

この展示棚は本来子育て期の顧客に訴求する棚だったが、おじいさん、おばあさんも立ち止まり見ることがあった。「孫が生まれたので、なにか送ってあげたいがなにを送ったらいいかわからないので参考になる」と、じっくり見たり、コンシェルジュに質問をしたり、非常に熱心な顧客もいた。

このライフステージコーナーは、売場ではなく販売はしない。したがって、展示しているライフステージコーナーから顧客を対象商品のある定番売場に誘導しなければならない。この誘導は完全にはできなかったが、棚に風船を飾ったり、商品のある棚に取り付ける、ゆらゆら揺れるスイングPOPでアイコンを付けたりした。

この様子は（写真5－⑤）を見られたい。当時、生協では規定で床にシールを貼れなかったので、どのようにいい動線をつくるかが未解決のままになっていた。しかし、現在では床にシールなどを貼ることは認められているようであるため、解決は容易になっていると思われる。またスマホに道案内させるという手もあるだろう。

定番売場への誘導　　　　　　　　　　（写真５－⑤）

該当商品の棚に風船を設置（目印）
※風船の色は、各ステージの色と同色
定番売場へ
誘導
子離れ期
生活者の希望を刺激する商品を紹介
スイングPOPを設置
商品の訴求ステージによって、
スイングPOPのキャラクターデザインを
変えている

出典：学習院マネジメント・スクール「未来店舗の本質研究会」資料（2012）

実験後にも効果が持続

西宮の沢店での実験期間は25日間だった。実験前の33日間、実験後の年末を外した28日間の売上を比較してみた。売上と金額P1値（1000人当たりの売上金額）をPOSデータで取り、価格変動があるため、これを「価格に応じて顧客が購買の程度を変える指標」である価格弾力性ですべての期間で価格が変わらないような結果に調整している。（図表5－⑥）を参照されたい。

上位5アイテムでは、実験前を100とすると、実験期間中は約3倍から4倍になる。当然、なにかやれば売上が上がるわけだが、良い点は、実験後も売上はある程度上がったままだということだ。ただ注意すべきは、もとになるデータは個人別のID－POSデータではないため、個人の売上の特定は不可能である。もとになるデータはPOSデータであるため、ライフステージの対象商品を買った全ライフステージの顧客が対象とされていることである。

上位5アイテムによるライフステージ別訴求対象商品分析（一例のみ示す）　　（図表5－⑥）

- 4つのライフステージともに、実験中に大きく値を伸ばしている。
  実験後も実験中と比較すると値は下がるものの、全ライフステージで実験前の値を上回っている。
- 実験中最も高い値を示したのは、「妊娠期」対象商品の424．0であった。
- 実験後最も高い値を示したのは、「シニア期」対象商品の245．4であった。

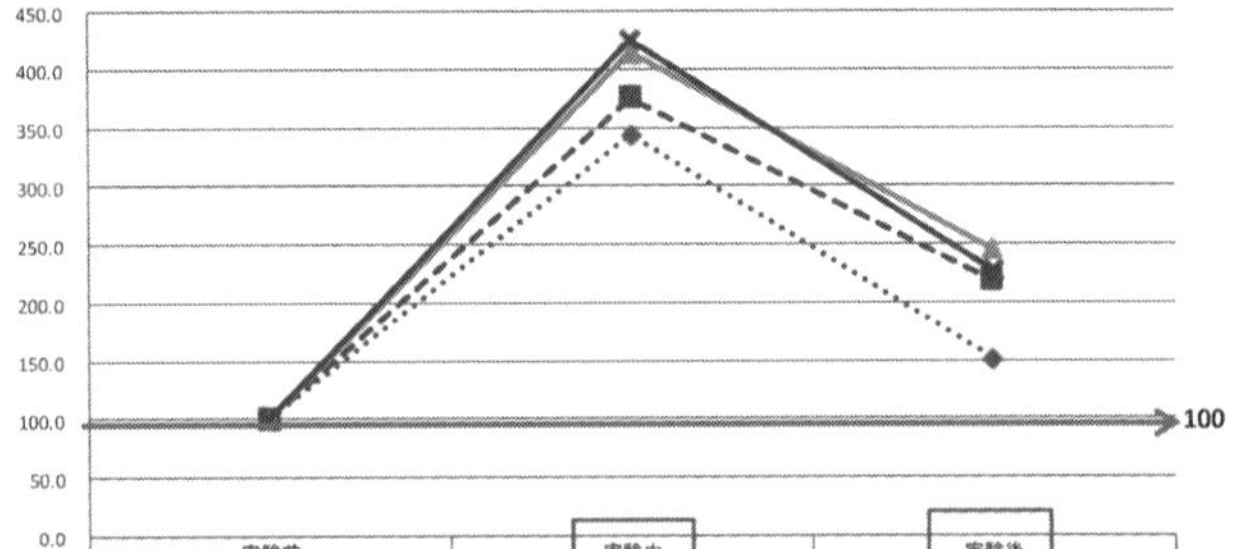

対象商品	実験前	実験中	実験後
子育て期	100.0	343.0	150.4
子離れ期	100.0	375.0	218.3
シニア期	100.0	413.2	245.4
妊娠期	100.0	424.0	227.4

出典：学習院マネジメント・スクール「未来店舗の本質研究会」資料（2012）

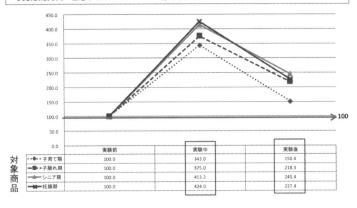

しかし、実験時の展示訴求やセールス・プロモーションは、時間が経てば忘れられていくため、常時なにかをし続ける必要がある。西宮の沢店の一人当たりの利用者数はほとんど変わらないが、客単価は上がっている。実験の結果だけとはいえないが、実験中の11月、実験後の12月ともに上がっている。実験前の10月の平均客単価が2505・1円、そして11月が2637・6円、そして12月が2952・4円であった。[※19] この結果から、近隣での最も安売り競争が激しい時期を勝ち抜いたと言えると思われる。

店舗従業員のキャスト化

店舗従業員と顧客の距離を縮め、顧客との絆を深めることでロイヤルティが上がっていく。これは成城石井やエコスなどのインタビューを通じてもはっきりしているし、特にアメリカでのトレーダー・ジョーズの例は顕著である。実験前の調査でもこのことは、はっきりと表れている。それゆえ従業員は店舗で品出しをしたり、在庫管理などを黙々とこなしたりするだけではなく、遊園地のキャストほどに頑張る必要はないが、顧客への丁寧な挨拶、説明、会話を通じてリレーションシップを深めるのは非常に重要である。このリレーションシップによって得られる効果は大きい。

たとえば、岐阜県の恵那市に銀の森コーポレーションという会社がある。六次産業化した自然リゾート風の広い敷地に複数のレストラン・販売店を所有している。年間46万人の人が名古屋近郊から来て、ゆったり過ごしている。ここは正月のためのおせちが有名であり、電話で注文をしてくる顧客のほとんどが、「○○さん」という個人目名を挙げる。この○○さんは顧客想いでかなりの人気があり、違う担当が電話に出ると、○○さんに変わって欲しいといわれることが多い。これくらい、ファンは人につく。この考え方を店舗実験で試してみた。それが黒板型顔写真ＰＯＰである。

黒板型顔写真ＰＯＰの掲示

従業員のキャスト化のために、黒板型顔写真ＰＯＰをつくった。具体的には売場担当者の顔写真を貼り、身体部分はイラストを使って楽しげな感じを演出して、商品ＰＲを書き込んだ。（写真５－⑦）のような感じである。

この時点でのＰＯＰの問題点は黒板への記載内容まで踏み込まず、また店舗実験期間中は記載内容を変えなかったことだ。もっと深層心理調査に沿った内容で踏み込んでつくり込むべきだった。この商品ＰＲの内容をどうするかは大きな課題である。第１章で出てきた防水スプレーの話のように、商品の本質と、生活者が必要とする本質的な潜在ニーズを一致させる言葉を探して書かなければならない。後日、菓子コーナーで同様の実践があったが、他店で１週間に平均10点ほどの販売数の商品が、１５５点も売れたという例があったようである。

黒板型顔写真：POP

（写真５－⑦）

イラストに売場担当者の顔写真を貼り、
吹き出しの中に店長、各売場マネージャーがお薦め商品の情報を記載

出典：学習院マネジメント・スクール「未来店舗の本質研究会」資料（2012）

コープさっぽろは対応が早く、ＰＯＰは実験後、店舗で早速採用されている。このＰＯＰを見た顧客の声としては、次のような感想が聞かれた。

【店舗に親しみを感じた】
・親しみを持ちました。
・身近な感じがした。この人が店長なんだな、などと思った。

【明るい雰囲気になった】
・明るく楽しい雰囲気の職場なのかな、と思いました。
・店内が明るく感じる。

【店舗に安心感を持った】
・顔写真が貼ってあると、安心して購入できるのが不思議です。
・この人がつくってるんだと親近感がとてもありました。ずっとこのポスターを貼ってほしい。

おおむねポジティブな意見が多かった。

インターナル・マーケティングの効果

コープさっぽろの素晴らしいところは、CS（顧客満足）教育プログラムにこれを取り入れていることだ。黒板型顔写真POPになにをどのように書くかを、研修に取り入れてグループで考えている。このことの良い点は、顧客へのアピールだけではない。バックヤードの作業に追われていたこれまでと違い、売り手の視点で自分の思いを売場に込める点だ。

「どうしたら売れるのか、どうすればお客さんが喜んでくれるのか」と従業員がより主体的に考えるようになる。これで組織は変わっていく。どうしたら喜んで顧客が買ってくれる並べ方になるだろう。なにを置いたら喜んで買ってくれるだろうという観点から仕事をするようになっていくのである。

つまり、これもインターナル・マーケティングだ。自分がモチベーションを上げて顧客と知り合いになる。声をかけられる。そこで元気をもらってものを売ろうということにつながっていく。ポジティブなスパイラルの発生である。

このような取り組みをする際に、「こんなことをしたら従業員が顧客に声をかけられて、仕事ができなくなる」と考えるのは大きな間違いだ。顧客との会話があることが大事なのだ。ファンは人についている、だからお店に来るのだ。そこを「従業員は店舗オペレーションに専念すべきで、顧客との対話は基本的にそれほどなくても良い」と考え違いしているスーパーが多いように感じるのは私だけだろうか。

この第5章では、小売店舗において生活者の本質的なニーズに対応するための仮説を実際に検証するための実験を行った。すべての構想を実験に移すことはできなかったが、ライフステージコーナーで顧客のライフステージ別の訴求を中心に実験を行い、ＰＯＳデータとアンケートによる分析結果から一定の成果を得た。特に実験終了後においても効果が残存することは大きな収穫であると思われた。

次章では、これまでのリアル店舗での議論を一旦離れ、小売においてもウェートを高めつつある、インターネットを絡めた小売であるオムニチャネルについても言及しておく。

第6章

オムニチャネル時代になって顧客にどう対応したらいいのか[※20]

O2Oという言葉がある。『知恵蔵2015』によると次のように説明されている。

「*Online to Offline*の略。インターネット上のウェブコンテンツやSNS（ソーシャル・ネットワーキング・サービス）におけるサービス（*Online*）を、実在する店舗（*Offline*）での集客アップや購買促進につなげる仕組みのこと。ネット上の価格比較サイトで商品の最安値を調べたり、オンラインショップに掲載されている購入者の口コミを参考にしたりして、実店舗での購入を検討するといったケースが、O2Oの身近な事例だが、このケースはEC（電子商取引）が普及し始めた2000年頃から用いられているもので、ネット上の店舗と実店舗を組み合わせたビジネス手法『クリック&モルタル』と同様である。しかし、近年のSNSサービスやスマートフォンの普及に伴い、『クリック&モルタル』の範囲にとどまらない、ネットやアプリを使った大掛かりなサービスが、O2Oとして注目されている」

ただ現実的には、小売業での利用は、まだまだクーポンサイトが多く、オンライン上でクーポンを獲得し、それをオフラインである実在店舗で利用するといった形が多い。しかしながら、最近では、クーポンのみならず、小売店舗において販促を行う食品を対象にクックパッドがオンラインで販促情報を流し、それに紐付けられているレシピを公開し、家計簿アプリも利用できるという仕組みを提供している。このような価値訴求型の例も見られるようになってきている。

このO2Oは、簡単に言い直すとオンラインで集客してリアルな店舗に送客までを行うことである。つまり、リアルな店舗に顧客を導こうというのがO2Oの考え方だ。現在では逆もありで、店舗で経験してもらってオンラインで買ってもらうということもある。

現在のオムニチャネルとは、さらにこの傾向が進み、店舗だけで売るのではなく、宅配、ネット販売、通販、どこでも消費者に情報を伝え、どのチャネルで買ってもらってもいいということで、リアル対ネット販売の対立構造ではなく、すべてのチャネルを融合して、消費者に対応しようとするものである。

セブン&アイグループやイオングループら自前のたくさんのチャネルで完結できるところが中心となって特に力を入れている。リアルな店舗は、自らオンラインにも入り込んで消費者との接点を増やさなければいけないということだ。自前のチャネルでは対応できないところは他の企業のチャネルとアライアンスを組んで実行する必要がある。

経験価値マネジメントの考え方

このオムニチャネルを実行する際において重要な考え方がある。それはバーンド・H・シュミットが提唱している「経験価値マネジメント」という考え方だ。顧客がなにかに感動して、「この店（あるいは企業)、いいな」と思うことを経験価値と呼ぶ。そこで大事なことは、店舗は自分と関わりのあるすべてのチャネルで顧客接点を増やして、そこで顧客に感じてもらう価値を総合的に、そして継続的に、トータルで最大化して管理しようという考え方だ。[※21]

シュミットの本には、「どのような業種の企業もみな、『顧客が重要である』ことは知っている。顧客は、企業にとって最も価値のある資産である。企業は顧客がいる時にのみ生き残ることができ、顧客を維持し、新規顧客を開拓できる時にのみ成長できる。したがって、企業は顧客中心に構成され、マネジメントされるべき存在である」と書かれている。[※22]

しかしながら、現実は甘くはないようで、しっかり実現できているところはそれほどないようだ。またシュミットは「経験価値マネジメントの目的は、顧客があらゆる接点で受ける様々な刺激を関連させ、シームレスに結合させること」と解説している。つまり、複数の顧客接点において、うまく経験価値を組み合わせて合計経験価値を最大化して、顧客のロイヤル化を図ることである。この点はまさにオムニチャネルの考え方と同じである。

したがって、オムニチャネルはこの経験価値マネジメントの考え方をベースにすべきなのである。この経験価値マネジメントに優れた企業としては、シンガポール航空が例として挙げられている。この航空会社は次のように説明されている。

「シンガポール・ガールとは、乗客への世話や思いやりの象徴となるフライト・アテンダントであり、シンガポールの文化を伝える独特なバティック（ろう染め）のサロンで正装している。シンガポール・ガールは、単なるプロモーションにとどまらない。同社は何年にもわたって、世界最高の客室乗務員を選抜し、訓練し、維持することに細心の注意を払っており、平均以上の賃金を支払い、上級スタッフへの昇進を提案している。このような顧客ニーズへの注意は成果を上げ、シンガポール航空を世界中で十本の指に入り、最も利益率の高い航空会社にしたのである[※23]」

シュミット自身も「他の多くの顧客と同様に、私は細部にわたる綿密な気配りと総合的なサービスを経験して圧倒された」と述べている。[※24]

顧客満足では不十分で経験価値の蓄積が大事

顧客満足と経験価値の違いはなにかというと、顧客満足だけではダメなのである。顧客満足は結果思考だといわれている。「あなたはこの店での買い物に満足しましたか?」「はい、欲しいものが買えたのでもちろん満足しました」。これだけではダメなのである。

ショッピング経験でどのような喜びを得られ、それが顧客の脳裏に記憶としてすり込まれていくかが大事である。小売企業は、数多くある顧客との接点の中で、意図した顧客満足が得られているか。その合計値をうまく管理できるかが重要で、それができれば単なる満足と違う強力な差別化、強い絆を生み出すことができる。

顧客の管理には他にCRM（カスタマー・リレーションシップ・マネジメント）というものがある。これも人によって解釈が違うので一概に良い悪いとはいえないようである。これは、基本的にはマス・カスタマイゼーション、一人一人に違ったものをあつらえてあげようということが基本であり、だからこそ個人の好みなどを記録したデータベースが必要になる。しかしながら、このCRMの問題点は、買い物そのものに焦点を絞っており、顧客との関係をどのような観点から築くかということを重視していないところにある。

一方、経験価値マネジメントでは、顧客との関係を大事にしている。「この人は、この商品が好きだからこれを売る」だけではない。まず顧客が売場に入って来て、どこでどういう感動、満足を得るか。買い物の最中に売場の情報を見てどういう思いを描くのか。レジを出る時にどういう思いを抱くのか。家に帰って商品を使ってみる。そのすべての中で経験がどのくらいあったのかを想定して、トータルで管理しなければならないのだ。

しかも、その顧客の一回限りの買い物ではなく、ずっと繰り返して管理するという考え方だ。そう簡単ではないのである。そして個人個人の顧客が生涯どのくらい売上に貢献してくれるのかを測定して、個人の顧客の価値を計ろうというのがライフタイムバリュー（顧客生涯価値）と呼ばれ、具体的に顧客の買い物行動プロセスを分解して、それぞれのプロセスごとにどんな体験をしてどんな心理的変化を起こして購買に至るかを可視化するものがカスタマージャーニーと呼ばれるようになっている。このカスタマージャーニーを顧客のタッチポイントごとに記述したものをカスタマージャーニーマップといい、顧客購買行動分析に利用されるようになっている。

オムニチャネル時代の希望活性化購買モデル

オムニチャネル時代の希望活性化購買モデルというものを考えてみよう。（図表6－①）

をみられたい。これが2010年代のイノベーションにつながるのではないだろうか。生活者の本質やニーズを満たし、コミュニティを活性化する小売になるために必要な要素ということである。

Attention（認知）→Interest（関心）→Desire（欲求）→Memory（記憶）→Action（購買）というう頭文字をとったAIDMAは、消費者はどういう段階を経て購買に至るかという伝統的なモデルだ。だがこれがインターネット時代はAttention（認知）→Interest（関心）→Search（探索）→Action（購買）→Share（情報発信）と変化を遂げている。伝統的な購買段階ではなく、インターネットで、「これ良かったよ」とみんなで書き込むようになるモデルで、頭文字をとってAISASと呼ばれている。

類似したモデルとしては、電通が提唱する、ソーシャルメディア時代の生活者消費行動モデルであるSIPSが挙げられる。これはSympathize（共感する）→Identify（確認する）→Participate（参加する）→Share & Spread（共有・拡散する）というモデルである。これらは進化したモデルではあるが、それでもまだ不十分な点がある。

オムニチャネル時代の希望活性化購買モデル　（図表６―①）

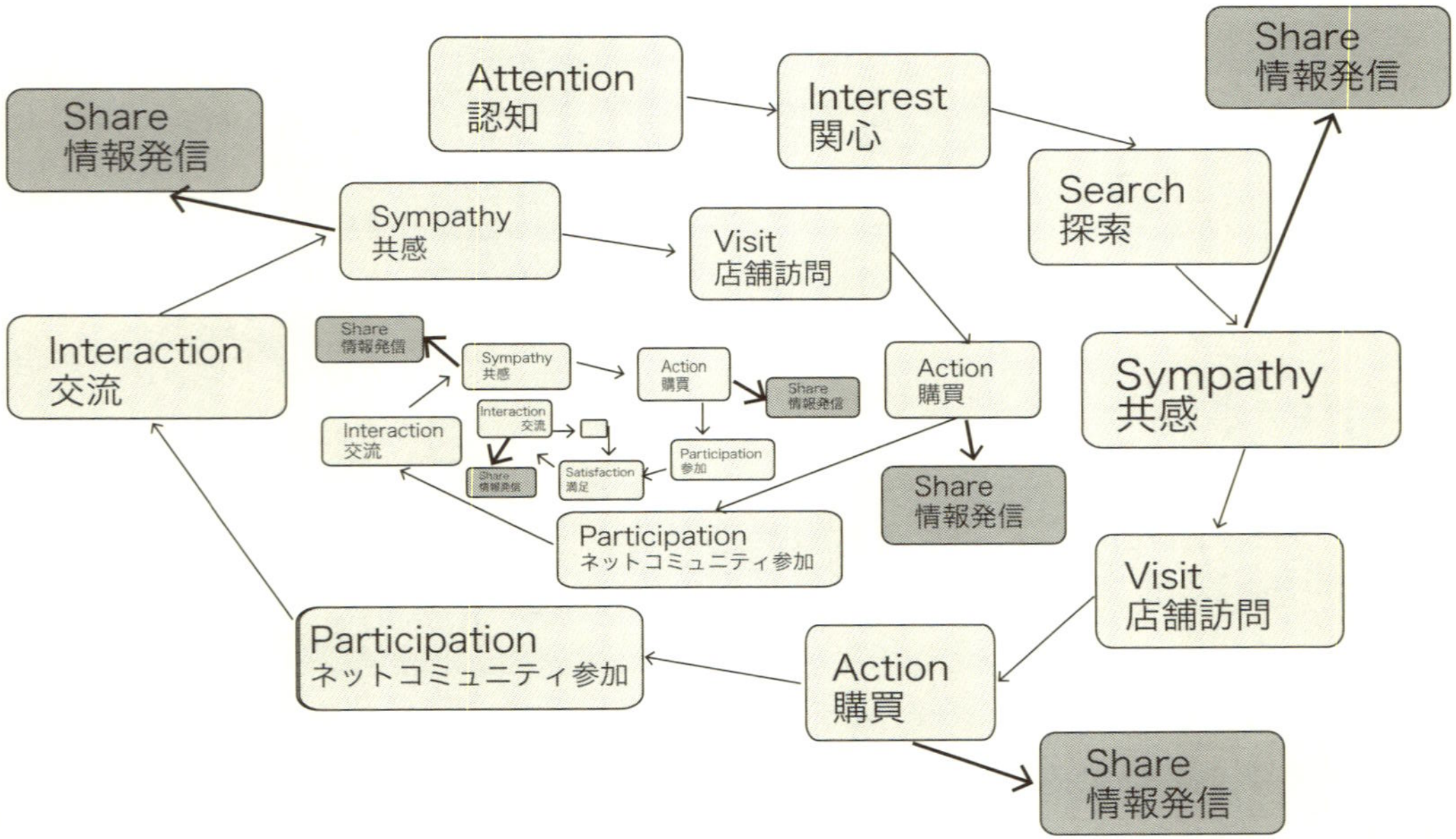

出典：2013 年度関東学生マーケティング大会参加で指導した上田ゼミ３年 O2O 班作成の図を改変

それはこのように一本のラインで終わっているのはまだ不十分であるという点だ。買い物は一回で終わるものではなく、ずっと繰り返すものである。そのための連鎖が必要であり、この図表のようにスパイラル化していると考えた方が自然であろう。

どこかで情報を得て認知し、関心を抱く。そして、インターネットで探索をして、共感を抱く。そしてVisit（店舗訪問）、Action（購買）した結果また情報発信をする。そして、Participation（ネットコミュニティ参加）を行う。情報発信ではメーカーサイドが自社で開いているオウン型のものもあれば、消費者がいろいろ書き込むフェイスブックなども含まれる。そしてインターネットに参加している人々とInteraction（交流）をして、Sympathy（共感）を得てまた情報発信していく。後はこれを永遠に繰り返していくということになる。これが繰り返されていく間に、小売は顧客との絆を強化していかなければならない。このループの考え方が重要である。

顧客はリアル店舗で買う場合もあれば、インターネット、通販で買う場合もある。これがオムニチャネルになるわけだ。おそらく、どこで買うかがあまり問われない時代が来るのではないだろうか。そこで大事なのは、やはりコミュニティであるというわけになる。

だから、小売側としては、この仕組みが促進されるよう、情報探索時に共感を覚える仕組みづくり、ネットコミュニティが生じる仕組みをつくっていかねばならない。こういうことが起こるように仕向ける必要がある。つまりこういうスパイラル状態の各場所でどういう経験価値を顧客に持ってもらうかを検討する必要がある。経験価値の総合計値が、小売と顧客の絆へとつながっていくのだ。

この第6章では、ＩＴがリアル店舗だけでなく、ネット店舗を含めた総合的な動きになることを踏まえて、経験価値マネジメントの考え方から統合的に、小売業の今後のあり方について言及した。これだけではいささか十分とはいえない言及ではあるが、本書ではリアル店舗に主眼をおいて検討を行っているため、この程度の言及にとどめておく。

次章以降では、未来の小売業の萌芽と言える事例として、まず第7章で商品を中心としたイノベーション事例として株式会社サンヨネについて述べ、第8章では社会システムつまり前に述べた商圏マネジメントを中心としたイノベーション事例としてコープさっぽろについて述べる。この両者のイノベーションを総合して実践できるところが今後必要とされる未来の小売業の姿であろう。

第7章

商品を中心とするイノベーションの萌芽

～コラボレーションを重視するサンヨネのケース[※25]～

今まで生活者としての「消費者の希望活性化」を中心として述べてきたが、小売の基本はやはり良い商品を顧客に提供することである。本章ではこの基本に立ち返り、「いかにして商品を中心に顧客を惹き付けるか」によるイノベーションの萌芽的な動きについて述べる。

希望の観点からは、小売はリーズナブルな価格で良い商品を提供し、買い物をする顧客がその家族に喜びをもたらすという意味で、こういう動きも希望活性化に含まれることは間違いない。ここでは愛知県豊橋市に本店を置く、小さなスーパーマーケット・チェーンであるサンヨネのとっている方法をケースとして取り上げる。ここでキーとなる考え方はコラボレーションである。

２００８年のリーマンショックでは多くの小売業が安売りに走り、苦しんでいたが、その中でもそれほど不況のあおりを受けることもなく独自の路線を貫き、地元民に愛され、支持され続けていた食品スーパーマーケットがある。このスーパーは豊橋市を中心に展開し、朝の開店前から開店と同時に入店しようとする顧客が行列をなしていると聞く。

わずか6店舗（２０１6年現在では5店舗）なのだが、年間売上が２００億円（２０１２

年）あり、３６０坪の１店舗が最大50億円以上の売上高を記録したこともあった。そして原価の高い高品質商品を普段の買い物価格にするための低い利益率の設定、２０１２年時点で平均年齢46歳以上の正社員が全体の50％の人員構成比率を占めているというコスト構造上厳しい状況にもかかわらず、２０１０年までは業界平均を上回る約４％の利益率を上げている。

近隣のやや寂れた風情のシャッター街もこの店の集客力に救われている状況である。この店こそが株式会社サンヨネであり、利益率よりも、近隣住民に愛される強烈なロイヤルティ形成がこの店の本質である。

このサンヨネの特徴は、経営哲学、商品、そして人（組織）の独自性である。その経営哲学がコアとなっており、普段の価格で買える高品質の商品、特に独自のＰＢであるハート商品は顧客を惹き付ける大きな魅力となっている。そしてもう一つの大きな魅力となっているのが人である。サンヨネはどのように、そしてなにゆえにこれらの価値創造をなしえたのか、そして小売業界においてそのポジショニングはどういう意味を持ち、現在の小売においてなにを示唆するのかなどを考えていきたい。

サンヨネの概要―その沿革と基本理念

サンヨネは、愛知県の豊橋市を中心に東三河地方（豊橋市、豊川市、蒲郡市）に合計5店舗を展開しているスーパーマーケットである。（図表7－①）にその店舗配置を、また本店の外観、店舗内の写真を（写真7－②）に載せておく。

（図表7―③）にサンヨネの概要について掲載したように、明治25年創業に起源を持つサンヨネの構成は、親会社である株式会社三米本店があり、その下に株式会社サンヨネとしてのスーパーマーケットがある。社員数の違いをみてもわかるように、親会社の三米本店はホールディング・カンパニーであり、実質の中心は株式会社サンヨネであることがわかる。

スーパーマーケット自体のスタートは1973年3月であり、代表者は三浦和雄氏、2008年8月1日時点で社員数650名（正社員350名、パート300名）である。

このサンヨネ全体の沿革は（図表7－④）、（図表7－⑤）を参照されたい。

サンヨネの店舗配置　（図表7－①）

※みゆき店は閉店

出典：http://www.sanyone.co.jp/sanyone/whats/index.html
上田隆穂（2013）「小売業界における価値創造と成長の方向性【株式会社サンヨネ】」
『マーケティングジャーナル』127号

サンヨネの店舗写真

（写真７－②）

本店

出典：著者撮影

店内・本店売場のPB商品　生鮮のハート商品

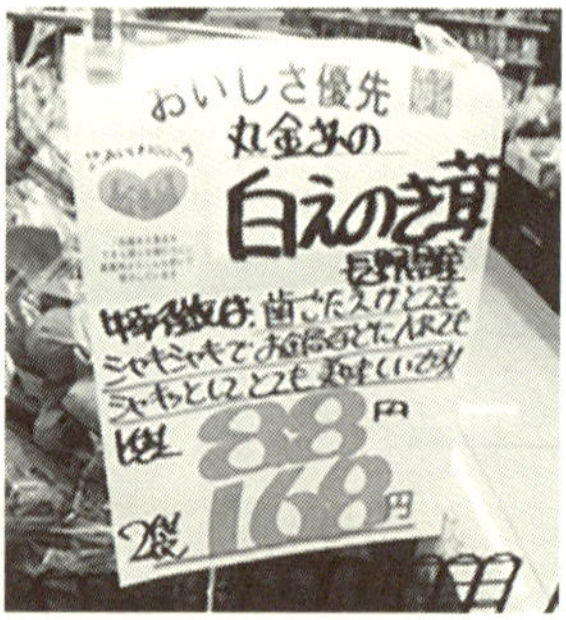

出典：上田隆穂（2013）「小売業界における価値創造と成長の方向性【株式会社サンヨネ】」『マーケティングジャーナル』127号

サンヨネの概要　（図表7－③）

■会社概要

株式会社 三米本店			San-yone Honten Co.,Ltd.
事業内容	海産物主力の卸売、及びグループ統括		
創　業	明治25年（昭和9年1月設立の「合資会社 三米本店」を平成13年3月に株式会社化）		
代表者	三浦 茂司		
資本金	3,000万円		
決算期	3月		
社員数	10名（ 正社員 5名 パート 5名 2006.9.1現在 ）		
事業所	本　部	経理・統括・開発	豊橋市魚町120 （平成18年10月4日より下記移転） 豊橋市仲ノ町1
	冷蔵・加工・物流	下地センター	豊橋市下地町門17

株式会社 サンヨネ			San-yone Co.,Ltd.
事業内容	食品スーパーの経営、豊橋4店舗・豊川1店舗・蒲郡1店舗		
創　業	昭和48年3月		
代表者	三浦 和雄		
資本金	2,940万円		
決算期	3月		
社員数	630名（ 正社員 350名 パート 280名 2006.9.1現在 ）		
事業所	小売部門	魚町本店	豊橋市魚町120
		東　店	豊橋市仲ノ町1
		みゆき店	豊橋市東幸町東明132
		高師店	豊橋市上野町上野53-2
		豊川店	豊川市金塚町2丁目1
		蒲郡店	蒲郡市八百富町7-34

出典：http://www.sanyone.co.jp/sanyone/whats/index.html
上田隆穂（2013）「小売業界における価値創造と成長の方向性【株式会社サンヨネ】」
『マーケティングジャーナル』127号

サンヨネの沿革1

（図表７－④）

■会社沿革

明治	25年		初代・三浦米三郎が現在の魚町本店の地で商売をはじめる
大正	10年		海産物問屋を開業
昭和	9年		合資会社 三米本店を設立
	12年		本店に大型冷蔵設備を建設。全国との産地取引を強化する
	20年		空襲により店舗損壊 終戦後、商売を再開。小売業をはじめる
	40年		豊橋市下地町に大型冷蔵庫建設
	45年	5月	卸部門を豊橋魚市場前に移転、魚町本店を食品スーパーに改装
	48年	2月	株式会社サンヨネを設立、小売部門初の支店（弥生店）を開店
	50年	4月	東店開店
	53年	8月	豊川店開店
	59年	5月	みゆき店開店 POSシステムを全店に導入開始

出典：http://www.sanyone.co.jp/sanyone/whats/index.html
上田隆穂（2013）「小売業界における価値創造と成長の方向性【株式会社サンヨネ】」
『マーケティングジャーナル』127号に一部加筆

サンヨネの沿革 2　　　　(図表 7 －⑤)

平成	4年	4月	EOS 及び 新物流システム開始
	7年	1月	高師店開店
		7月	魚町本店の無休営業開始
	8年	4月	弥生店閉店
		5月	全店で無休営業開始
	9年	2月	～全店で店内リニューアル実施
	12年		Webページ開設
	13年	1月	魚町本店を(資)三米本店から(株)サンヨネに営業譲渡
			(資)三米本店を卸部門、(株)サンヨネを小売部門に事業再編成
		3月	(資)三米本店の株式会社化
			代表役員を現役員に変更
		4月	社内グループウェアの運用開始
		10月	サンヨネ社員持株会の発足
			新賞与制度スタート
	14年	3月	グループ2社の決算を3月に変更
	16年	4月	価格表示を総額表示に変更
		10月	蒲郡店開店
	18年	3月	卸部を閉店
		10月	本社を東店2階（豊橋市仲ノ町1番地）に移転
	20年	2月	直営実験農場（豊橋市大清水町）での作付け開始
	21年	4月	豊川店・蒲郡店で、レジ袋の有料化スタート
		5月	本店の改築工事開始
	23年	2月	自動発注システムの実験スタート
		3月	本店新装オープン

しっかりした情報システムが陰で組織を支えている

出典：http://www.sanyone.co.jp/sanyone/whats/index.html
上田隆穂（2013）「小売業界における価値創造と成長の方向性【株式会社サンヨネ】」
『マーケティングジャーナル』127 号に一部加筆

その基本理念をサンヨネのホームページにある三代目三浦米三郎会長の言葉より引用しておこう（http://www.sanyone.co.jp/sanyone/whats/index.html)。

まずサンヨネの方針は次の二つのモットーで大方言い尽くされている。

「美味しい、新鮮、安全な食品を、よりお安く販売します」

「お客様・社員・お取引先の皆様に心から喜ばれる事業を目指します」

さらに詳細に述べている部分をそのまま引用すると次のようになる。

「私たちサンヨネは、豊橋・豊川・蒲郡等、東三河地域を地盤にした食品流通グループです。その基本理念は、『おいしくて新鮮、安全な食品を可能な限りお安く』提供することを通じ、世の中のお役に立つことです。

サンヨネは現在、食品スーパー6店舗、加工・配送センター1箇所の計7拠点、年商約200億円、約630名の社員が従事しております。ただ、私たちは決して〝BIG〟な会社を目指すのではなく、〝GOOD〟と呼ばれる事業経営をつねに目指したいと考えております。つまり、お客様から、社員から、そしてお取引する生産者やメーカー・問屋の方々から『付き合ってよかった』、『ぜひお付き合いしたい』と言っていただけるようなＧＯＯＤな会社になりたいのです。

そんな私たちサンヨネの社風を一言で表現するならば、三河地方の地域性である『質実』、または『堅実』という言葉が適当かと思います。格好よさや派手さよりも、誠実に、役立つことを徹底して実践していく、それがサンヨネ流です。

たとえば、私たちは営業方針として、チラシやＣＭなどの広告宣伝を一切しません。これは、毎日の食卓に欠かせない食品を『つねにより良い品質で、より安く』提供するためには、宣伝経費をかけず、その分、品質向上や価格低下に努める方が消費者のメリットになると考えているからです。チラシを見なくても、サンヨネにいけばいつでも安心して満足できるものが買える、そんな、お客様から信頼を得られる商売、そして経営をしたいのです。

良品廉価を実現するために、私たちは、広告宣伝しないこと以外にも、生産者と一体化した商品開発や産地直送のルートづくり、無借金による健全な財務体質づくり、小さな本社づくり等々の取り組みをしておりますが、何よりも重要な特長は、サンヨネでは、お客様と接している（＝お客様の声をもっともよく知っている）現場社員に強い権限があり、社員一人一人が、自ら考え、決め、実行することを重視していることです。自らの良心と権限に基づき、お客様に喜ばれる商売を日々実践する。とても生き甲斐のある仕事であると思いますし、また、そんな社員一人一人の人生を生かす職場（＝舞台）を提供することこそ我々経営者のつとめだと思うのです。

いま、あなたとは何かのご縁があって、このホームページを通じ、私どもサンヨネについて、理解を深めていただこうとしているわけですが、『良質な食品を、まじめに販売することで世の中に役に立とう』とする我々の考え方にご賛同いただき、また、あなた自身の人生にとっても、意味のある活躍の舞台（つまり、あなた自身が世の中の役に立つ舞台）として役立ちそうだとお感じでしたら、どうぞお気軽に私どもの会社をのぞいてみてください。これが良きご縁の始まりとなれば幸いに思います」

以上の基本理念は、このとおり、着実に実行されつつあり、世の中一般に見られるような「絵に描いた餅」とはなっていない。この言葉を裏付けるように三浦和雄代表（以下、三浦代表）も次のように述べている（２０１１年11月16日、著者によるインタビュー）。

「私たちは（いいものを）こんなに安く売っていても、ちゃんと利益が出て、会社も無借金体質です。この前、蒲郡店を出す時にはキャッシュでかなりかかりました。無理して出店するのは、逆に競争の体質を弱めると思います。我々のようにゆっくりだけど、着実に規模の成長をしていけば、先をみた経営ができるし、先をみた商品開発ができる。だからそこに（著者註：店舗数拡大・売上高拡大を重視することと）大きな違いがあると思いますね。みなさん、売上だとか、店舗を大きくすることにばかり執着しますから。私たち、そんなのまったく興味ないですから。それより働く人が笑顔で、常に明るく仕事をやってくれることが嬉しいし、お客さんに喜んでいただき、生産者の方が笑顔で仕事をやってくれてお互いにハッピーだねと。

私が仕事を離れても、（みなさんと）笑顔で付き合えるような関係になれたら最高だなと思ってやっています」

これらの基本理念があって経営哲学が生まれ、農産物を代表とする高品質で低価格の商品が揃い、地域顧客の強いロイヤルティを生み出す接客が可能となっている。以下、それぞれを詳細に見ていこう。

サンヨネの価値創造1――経営哲学

サンヨネの経営哲学は、その理念・社是「ステキな会社をつくりましょう　良識ある食品をできる限りお値うちに」の中でほぼ言い尽くされているが、これらの根底は三浦代表が月満ちず、8ヵ月で誕生したという経緯が関係している。幼い頃から聞かされ、生かしてもらったことに対する漠然とした感謝の念があったという。その恩返しの念から三浦代表は小さい頃から医者を目指した。ただその夢は叶わなかったが、食べ物を販売する生業の後継ぎとして生まれたことから、医食同源の考え方がやりようによっては医に勝ると考え、食を通じた社会貢献の方向に舵を切ることになった。そのため、どこのチェーン系列にも属さず、協会にも所属しておらず独自の道を歩んでいる。このサンヨネの経営哲学を図示すると（図表7－⑥）のようになろう。図表中の矢印は影響をどこに及ぼすかを示す。

この経営哲学の構成要素の中で「生産者・メーカーとの密接な協働体制（商品開発や産地直送のルートづくり）」があるが、これはサンヨネが大事な遺伝子として、常に持ち続けてきたことだ。つまり商品は生産者、メーカーと直接に取引するという歴史をできる限り貫いてきている。生産者やメーカーの思いを、そのまま消費者に伝え、そして消費者からのフィードバックも行い、生産者・メーカーの意欲を高めている。

また「成長の方向性が売上高・規模ではなく、商品・店舗の質」というのがあるが、問題は「常に売上や利益を拡大していかなければ、経営が行き詰まっていってしまう」という考え方にあると三浦代表は指摘する。たしかに成長の方向が売上高・規模であると、無借金体質でいられず、レバレッジを効かせた規模拡大に向かうことが多く、そのことは資本主義企業の一般的な常識となっている。これに対してファミリービジネス企業は株主からの圧力が小さく、規模の健全な成長スピードを選択することが容易である。

サンヨネの経営哲学　　（図表７−⑥）

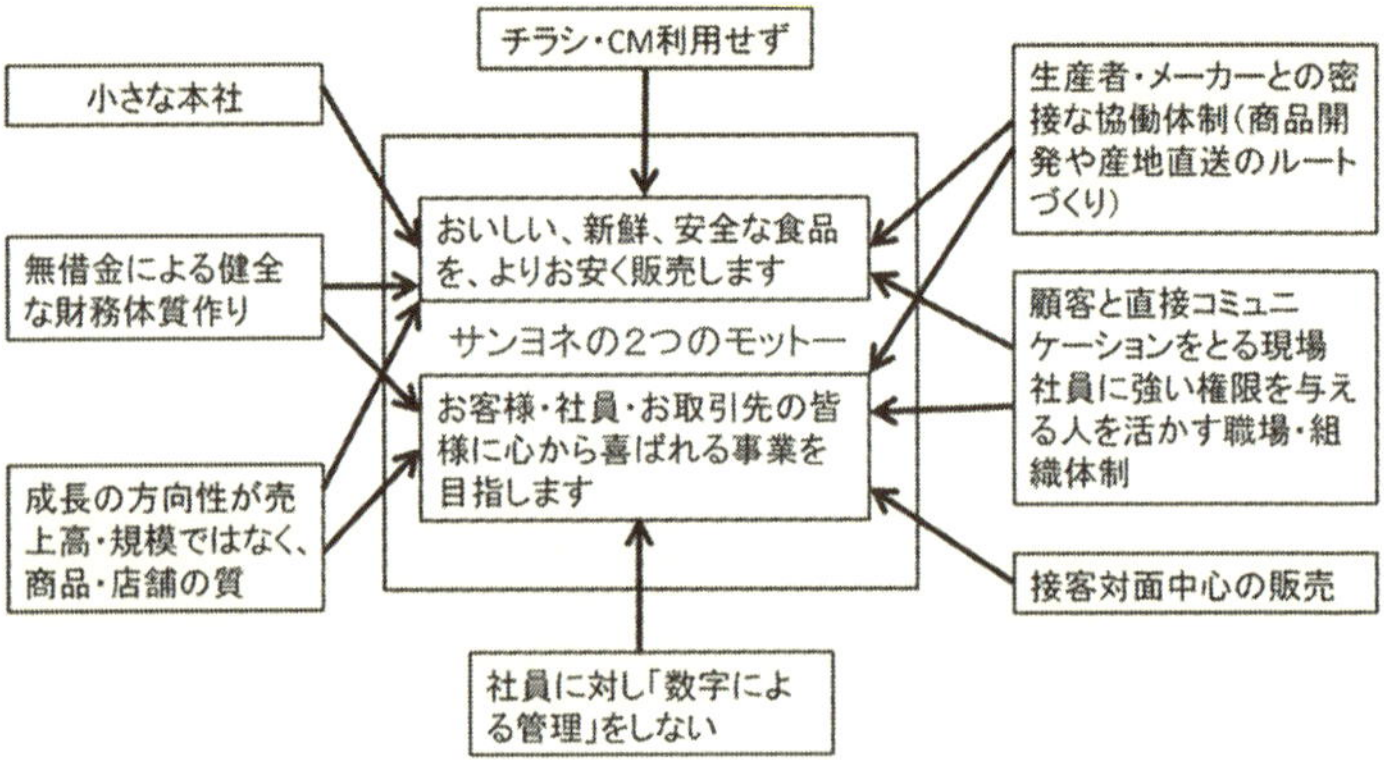

出典：上田隆穂（2013）「小売業界における価値創造と成長の方向性【株式会社サンヨネ】」『マーケティングジャーナル』127号

一方、株主の圧力が大きい市場型企業は規模拡大のスピード化と売上高の急拡大を図り、経営資源を新規出店に集中しがちであり、既存店の財務体質の健全化を実現するのが難しくなる。サンヨネはファミリービジネスに属し、既存店の充実化に力を注ぎ、決して無理をしない規模・売上高拡大のペースを守っている。

サンヨネの価値創造2――商品

目に見える最も大きなサンヨネの特徴はその商品力にある。そのポイントをまず述べると次の二つになる。

① 優れた農業など技術指導力を持ち、生鮮食品関連生産者と長年にわたる生産の協働取り組みを実施

② 協働開発した優れた生鮮品・酪農品・牧畜品を原料としてメーカーとの協働作業によるP

B商品の開発

三浦代表が商品力を付けようと思ったのは経営哲学のところで述べた動機による。彼はまず畜産業・農業から入った。代表が27歳の時に、旭川から北に住む20代の若人たちが、セフティーアグリゾーンという農業の安全地帯をつくろうと大会を開催した。この約100名が集まった大会に講師として三浦代表が参加したのがきっかけであった。

その時、三浦代表が述べたのは、「今の日本の農業を救うのは、技術しかない」ということだった。優れた農業技術を探し出し、選び出して利用し、それにより農家が良くなっていくプロセスを実現しない限り、日本の農業は豊かにはならないということが趣旨であり、その主張は現在も続いている。

またサンヨネには日本屈指といわれる、優れた農業顧問がいる。そして素晴らしい肥料を開発している。韓国や中国からも一目置かれるほどの農業技術力の持ち主である。現在では長年の経験と研究により三浦代表も農業指導に参加している。これらの指導による協働作業を、彼の言葉を借りて実際の例（リンゴ農家）で説明してみたい。

「以前うちの取引が始まる前は５００万円ぐらいの売上しかなかった農家さんだけど、我々と協働し、我々の技術が入りだして、３年経ったら、１０００万円に売上が上がったね。これだったら自信を持って、次の代も後を継いでいってくれるよね。我々はこんな意識で仕事をしてるんですよ。昨日も、北信地方のリンゴの農家と話をしました。『三浦さんねぇ。うちに息子が入ってきてくれるって言ってくれたんだよ』『えっ！？　お孫さんじゃないの？』。３月まではお孫さんが18歳で、『おじいちゃん。俺農業やるから。大学行かずに農業入るから』って言って、一生懸命やってたんです。なんと、息子さんがサラリーマンを辞めて、農業にカムバックしてくれるということを聞いて、涙が出るくらいうれしかったです。

リンゴの問題というのはこうなんです。普通のリンゴ農家は大体年収が２００万～３００万円です。サラリーマンから考えたら考えもつかないですよね。でも彼らがそれでもなんとかやっていけるのは、他に自分でお米つくってたり、野菜など食べるものをつくってるからです。贅沢をしなければそれで生きていけるんですよ。だから見過ごされていたんです。でもそんなことで息子さんが後を継ぎますか。能力もあったらなおさら継がないですよ。やっぱり経済的にサラリーマン以上のものが得られなければ無理です。

オーストラリアやニュージーランドのように実がなり放題、摘花なしでリンゴを付けちゃって、それで我々が、たとえば40円か50円で買って、お客さんに60円くらいで販売して、合うなら良いじゃないか。そうすれば手間が省けるでしょ。摘花作業でどのぐらい時間がかかると思いますか。花をたくさん摘み取ったっていけませんから、その摘む作業で、夫婦二人で、2ヵ月かかるんですって。ビックリしました。農家さんの労働ってすごいんですよ。朝、陽が上がる前から、場合によっては陽が暮れた後まで。それもおじいちゃんもおばあちゃんも元気なら一緒に働く。

国が発表した3年前の時給を見てみましょう。日本の農家一人、1時間当たりの時給は、165円なんです。企業はその10倍以上ですよね。軽く10倍以上です。だから農業の企業参入は合わないのは当然なんです。それだけ努力しているにもかかわらず、収入が上がらないというのは問題です。我々と協働して流通の仕組みを変えるしかないんです。手間を省くために小さいリンゴをつくったら良いじゃないか、摘花作業なしでいいよと。こんなにリンゴを回さなくてもいいよと。リンゴを赤くするためにリンゴが陽に当たるよう回す作業があるんです。だって、全体が赤くなければ日本の消費者は買ってくれないから。後、リンゴの周りの葉を摘まないと陽の当たらない部分が黄色くなっちゃう。こんなことに大変な労働がいるんです。だから二人で１ヘクタールやるのがやっとなんです。『じゃあ、そのことを改善しよう』と我々の技術を入れました。結果はどうなったかというと、我々もびっくりするぐらいの結果が出ました。リンゴが大きくなりすぎちゃって、たくさん出来すぎちゃって、枝が折れだしたんです。まあ、これは笑い話で済んでしまうんですけども。そのぐらい結果が出て、やりかたをもうちょっとシフトしたら、ものすごい結果が出せるね。今年はそのリンゴを台湾に輸出しようと考えています。台湾は、優秀な良いリンゴなら、１０００円で売れるいい国だそうです」

このリンゴの例が象徴するようにサンヨネでは農産物を中心に、酪農・牧畜・海産物に力を入れている。それぞれハート商品でＰＢ商品化することが多く、さらにこれらを原料としてメーカーに持ち込み、協働で優れたＰＢ商品を開発している。以下この状況を少し見てみよう。

●青果物

店で扱うすべての青果物は全国でも屈指のレベルだと思われる。それだけサンヨネでは技術まで指導して、健康的で美味しくて、安心なものを届ける努力をしている。同時にリンゴ農家の例で見るように、優秀な農家に高度な技術を供与して、農家も豊かになるようにしており、結果的にサンヨネも美味しくて安全な野菜や果物が比較的手ごろな値段で入手可能となっている。じゃがいもも玉ねぎもハートマークのついているPB商品はすべて該当する。

エノキを例にあげてみよう。サンヨネで扱うエノキは日本屈指のものであり、非常に味が良い。杉の木と広葉樹の木だけで栽培している。通常ではスイートコーンの軸を粉にしてつくられ、農薬や多様な化学物質に加えて栄養剤を入れてつくられるのだが、サンヨネとの協働生産ではそれをしていない。それをすると安全・安心が保証できず、美味しくないからである。キノコは「木の子」というように木からつくるというのがサンヨネのポリシーである。なぜならばキノコは性質的にカドミウムや鉛だとか人間にとって悪いものを吸着する特徴があるからだ。放射能も吸着する性質があり、エノキは良い環境で栽培する必要がある。それゆえ安いエノキには必ず訳があり、多様な成長促進剤などを使用している可能性が高く、安心とはいえない。こういう理由でサンヨネは、可能な限り安心なものを販売するために、同様の理解をし、努力する農家と協働を行う。

●精肉

肉に関しては、サンヨネはかなり昔から生産者と協働の取り組みを行っている。これには海外のもの含まれる。それはまだ一部で量が安定していないが、ニュージーランドの生産者との協働であり、日本の和牛とニュージーランドの牛を掛け合わせ、放牧により育てたものである。放牧でも餌としてどういう草を与えるかによって美味しい牛になるかどうか決まる。餌としての穀物もまったくなしで自然なまま育ち、ストレスもなく美味しくなるという。

日本では鹿児島の牧場で一緒に取り組んでいる最高級品の牛肉を扱っている。その牧場は規模も大きく、肥育家は非常に優秀である。サンヨネではこの肥育家の考え方、人柄を評価し、時には相互に厳しい要求を出しながら、話し合いを通じて長い間協働を行っている。

加えて評価を毎回ＦＡＸで伝えたり、顧客の喜びの声を伝えたりしている。これらは相互の気付きを重視し、金銭面だけでなく、心の面でもやりがいのあるように工夫している。

●精肉加工品

扱っているＰＢのソーセージはすべて独自開発したものである。スイス、ドイツの最高の機械を入れ、マイスターも向こうから呼んで、ドイツ仕様でつくり上げている。塩がやや薄めで、現在でもドイツのマイスターに言われた通りのやり方を守って製造している。製造は15年前に始めており、商品名もニュールンベルガーやミュンスターなどと付けている。まったく化学調味料を入れないものもあり、日本国内では他にない商品が多い。

●海産物

海苔は昔からの本業の商材であるため、品ぞろえにはかなりの幅がある。割安の値打ち品から農林水産大臣賞をとったような商品まで取りそろえている。上位クラスになると一流メーカーで銀の缶にいれるような日本最高級品になるが、普通の価格で販売されている。また鮮魚コーナーにあるシラスは、地元舞浜でとれた、漁師との提携商品であり、京都・嵐山の吉兆がその品質を評価して使っている。

サンヨネのこれらの製品情報は、サンヨネのホームページ（http://www.sanyone.co.jp/products/）で公開されると共に勤務年数の長い従業員の丁寧な説明で顧客に説明され、またそれが口コミで広まっていっている。

サンヨネでは、これ以外でも、チーズ・バターをはじめとする乳製品、日本酒、卵、魚など生産者との協働取り組みは多く、高品質なものを普段買えるような価格で顧客に提供している。

ここでメーカーとの取り組みであるＰＢ加工品について触れておく。たとえば、ソースだが、サンヨネでは提携しているメーカーに、生産者に技術指導を行ってつくってもらったグリーンセロリ、ニンジン、玉ねぎを持ちこみ、ミンチに砕いてもらって、煮詰めて生産してもらっている。またカボチャに関しては、サンヨネと北海道の農家が協働で３年間かけた傑作があり、地元のメーカーに持ち込み、コロッケに加工している。農産物などそれ自体も含めたこれらのＰＢ商品（ハート商品）はすべて安心で、農薬や化学物質が一切入っていないということが確実なものを販売している。

以上述べてきたようにサンヨネは高品質の生産物それ自体のみならず、それらを原料とした加工品まで独自ブランドとして販売している。この根底に生産者、メーカーとも経営哲学を共有し、win-winの関係をベースとしたコラボレーションで取り組んでいることが重要である。長年にわたる取り組みの継続はそこから築かれたものである。

サンヨネの価値創造３――人とインターナル・マーケティング

サンヨネの店では社員が顧客と親しげに挨拶を交わしているシーンが至るところで見られる。また社員は豊富な専門知識を持っているため、聞かれたことに自信を持って詳しく説明をしている姿が店内のあちこちで見られる。そして毎日来店する顧客が多いので、社員と顧客は自然と親しくなり、顧客側から「こんな商品が入ったら教えてね」などいろいろ依頼されることが多く、顧客の声をうまく吸い上げているようである。

店舗のファンは従業員につくため、上記のような人に関するサンヨネの強みは極めて大きい。なぜなら正社員比率が極めて高く、しかも平均年齢が高いということは勤続年数が長く、顧客と親しくなっている可能性が高いからだ。通常のスーパーマーケットでは正社員比率が高いこと及び社員の高年齢化は利益圧迫要因となるため、できるだけパート比率を高める努力をする。サンヨネはこの流れとまったく逆のやり方をしている。前述のようにサンヨネの正社員率は２０１２年時点で50％であり、平均年齢は46歳以上である。また定年は66歳だ。しかし、健康ならば70歳まで働くことができる。

三浦代表が社員のことを意識しだしたのは、あるきっかけがあった。本人の言葉を借りて説明してみよう。

「12年前に北海道の六花亭という、訪ねたい会社がありました。マルセイバターサンドとか、いろいろ有名商品があります。帯広で創業されて、今、売上は１８０億円ぐらい。

美味しいお菓子をつくることが会社の目的であり、そのためには全身全霊で努力をするっていう会社です。その会社の札幌の円山店に行った時にカルチャーショックを覚えました。私たちの会社とまったく違う風景がそこにあったからなんです。それは働いている人たちに自然な笑顔が出てるっていうことです。『なんだろうこの笑顔は。なんでお客さんのことを考えられるような接客ができるんだろうか。ありえない。我々の会社じゃありえない。我々の会社はストレスだらけの会社だ。人間関係でうまくいかず辞める人も多く、陰惨な顔になってる人が多い。なんだろうこの会社の雰囲気は』と思いました。

それで私は思い立ったが吉日と帯広の六花亭の本社に電話したら、たまたまお忙しい社長（当時）の小田豊さんがいらっしゃって、電話を取ってくれたんです。『ぜひお会いしたい。ぜひ話を伺いたい』と話しました。その気持ちが伝わったのか、ＯＫをいただき、すぐに私は帯広の本社に飛んで行き、１時間半ぐらい話をし、いろいろ伺ってきました。そこでは考えられないような仕組みがありました。『いや、こんな考え方があるのか。すごい会社だな。これから21世紀を代表する心の会社だな』と思って帰ってきました。いまだに信じられない仕組みがいっぱいあります、この会社には。いまだにわが社のお手本です。

まあ、そんな経緯があって、12年かけて取り組んできましたが、まだまだできてないです。……（中略）……私が帰る時、最後に小田さんは私に『三浦さん、おいくつですか？』といわれました。『45歳です』と答えたら、『25年かかりますよ』といわれました。その時、『いやー、なんで25年もかかるんだろう。もう70になっちゃうじゃん』と思いました。引退しようと思った時にまだ出来上がってないんですよ。これを聞いた時に、はっと思ったんです。『人は簡単に変われないんだな。定年を待って価値観の違う新しい人に入れ替わらないと駄目なのか。時間がかかるんだな。我々はそんなに待っちゃおれん』と。どうしたらいいのか悩みました」

社員の育成について三浦代表はずいぶん悩み、考え抜いたあげく、一つの結論に達している。その内容は、サービス・マーケティングにおいて重要な実践課題となっているインターナル・マーケティングそのものだった。三浦代表のインターナル・マーケティングへの気付きは次の言葉にみられる通りである。

「六花亭さんの話から、私は気付きました。『仕事というものは、単なるお金だけをいただくような場所であってはいけない。そこで働く人が生き生きと働けて、自ら成長でき、幸せを感じられ、そこで出会う人たちと、豊かな人間関係ができ、本音で語り合えるような組織が企業の中でできたら、こんなステキなことはないな』と思ったんです。私たちの会社は六花亭とはまったく似ても似つかない会社でした。どうしたら自然な笑顔が出るようになるんだろうかといろいろ考えました。現在でも悩みながらやっておりますが。人は仕事を任された時にやる気が出るもんです。孟子さんが言うような性善説をもっと拡張していきつつ、できるだけ仕事は広範囲に任せようと思っています。

人間が商売をやっていて一番楽しくなるのは、仕入れから販売までであり、農家の人たちのつくる喜び、つくる苦しみをわかって、それをお客さんに伝える。そしてそれを、最後まで売り切って、利益を出していくすべての管理を社員に任せる。そこまで全部味わってこそ仕事は面白くなります。またそういうことをやりたい人を、まず集めなきゃいけません。我々の会社は誰でも雇っちゃった会社なんです。残念だけど悪く言えば、誰でもいいんだっていう意識が昔はありました。今は、東京まで行って、就活の大学生を求めて、『我々の考え方に賛同する人はぜひ参加してください』というやり方でやっております。

こんな活動をして、これから何年、何十年かかるかわかりませんけど、やはりこの軸は外してはいけないなと思います。商人として、自分ですべてが企画でき、そこから喜びを味わえる人が幸せになっていく。そのための仕組みをお金の面でも叶えようという目的で会社が儲かったら、その利益の半分はすべてパートナーつまり社員、パートさん、そしてアルバイトの給料とボーナスにすべてあてることを12年前から始めました。この食という分野を一つのステージとして、一人一人が輝いてですね、自分たちの職業について誇りを持つ。自分たちの会社の考え方、精神、哲学に自信と誇りを持つ。そして、我々が日常扱っている商品に対して誇りと自信を持つ。そんなことを通じて、社員が自信を持って、成長していってもらえることを、本当に祈念しています。まだまだ成長段階のサンヨネではありますけど」

また仕事の目安は数字で示すが、数字で社員の管理は行わないというサンヨネの社員教育方針も時代に一見逆行しているように見える。社員の成長も会社としての成長の一つとして捉えているため数字によって社員を叱ったり、成績を下げたりするようなことは行わない。それよりも人間性や人として責任のあるところを評価する。結果的にこれらのインターナル・マーケティングの成果は着実に結実している。

社員の定着率は高く、また働くモチベーションも高い。彼らが意欲的に働く姿は、店内のどこでも見られる。また担当分野に関する勉強の成果もでており、その専門知識も豊富であり、顧客に質問を受けた時は自信溢れる姿で丁寧に説明している。これらも人に関する店舗の価値創造といえよう。（写真7－⑦）に全社員の写真を掲載しておく。

利益率を支える要因及び価値創造追求を可能にするファミリービジネス特性

本章冒頭でも述べたようにサンヨネの特長である正社員比率の高さや社員平均年齢が高いという点、そして金銭面でのインターナル・マーケティングを支える、業界平均より高い社員年収は利益を圧迫するというのが常識的な見方である。また「いいものを普段の価格で」という企業理念から商品ごとの利益率も低めに抑えてある。それにもかかわらず、2010年頃まで業界平均を上回る約4％の利益率を上げられるのはなぜであろうか。そ

サンヨネの全社員　（写真7－⑦）

（豊橋市公会堂にて 2010.4.8 社員総会）

「気持ちのいい笑顔でお客様をお迎えするために、
スタッフ同士のコミュニケーションは欠かせません。
お客様に対する笑顔に負けないぐらい、
社員同士が笑顔で付き合える環境づくりを目指しています」

出典：http://www.sanyone.co.jp/sanyone/smile/index.html
上田隆穂（2013）「小売業界における価値創造と成長の方向性【株式会社サンヨネ】」
『マーケティングジャーナル』127号

の要因としては次の六つが挙げられる。

① チラシを打たない、CMをしない
② 社員一人当たりの売上が大きい
③ 無借金経営で利払い負担がない
④ ロス率が比較的低い
⑤ 生産者と一体化した商品開発や産地直送のルートづくり
⑥ コストをかけない小さな本社づくり

まず①のチラシを打たないことに関しては実に徹底している。サンヨネでは創業以来チラシは一枚も出したことがない。店舗のオープン時すら例外ではない。店舗の新規オープンも口コミで伝わっていき、次第に顧客が増えていく。利益率の高さに関する最も大きな要因はおそらく②の社員一人当たりの売上が大きいことによるものだろう。

これらを可能にしているのが、前述の商品力と社員の力である。サンヨネの5店舗は150坪から700坪の間で店舗面積はばらばらである。利益の出にくい小さな店舗を有しながら300坪と360坪の店舗が最高45億円から50億円の年間売上を実現している。その売上の大きさが効率の良さにつながって、結果的にはロスが比較的少なくて利益を生んでいる。

また5店舗でPB商品を製造することは規模の生産性の考え方から、コストが大きくなると思われがちだが、実際は協働作業での生産量が限られているため、適正であるようである。もし5店舗ではなく、50店舗もあれば、その原料確保がむずかしく、却ってコストが高くなる。そして⑤の生産者やメーカーとの協働作業による密接な結びつきで無駄なコストを排除し、産直ルートづくりで中間のコストを排除している点も見逃せない。④のロス率に関しては、部門による違いはあるが、1%か2%くらいの間だろうと三浦代表は推測する。

なぜサンヨネでは、これまで述べてきた価値創造が可能なのだろうか。その大きな要因としてサンヨネがファミリービジネスであることが挙げられる。この事実がサンヨネの経営哲学実践を環境的に容易にしている。ファミリービジネス研究所代表理事小西龍治氏は、ファミリービジネスを一般的な市場型企業と対比して述べている。市場型企業は、地縁・血縁からの離脱を基本としており、リーダー・マネジメントの組み合わせにより企業を主導していくため、株主責任を重視し、利益の追求と規模の拡大を追い求めることになる。この結果、企業間での競争と勝利を目指し、論理性とシステム化の追求に邁進することになる。

一方、ファミリービジネスにおいては、一般的に地縁・血縁・歴史縁を重視し、市場型企業に比べれば、リーダー主導が基本であり、リーダーの哲学を実践しやすい環境にある。また株主責任のプレッシャーが少なく、理念の継続と内容の充実を図る傾向にある。結果的に競争よりも協調と安定を目指すことが多く、知恵・情緒・人間関係を大事にすることが多い。これらのことはサンヨネにかなり当てはまっている。したがってサンヨネが経営理念を追求できる環境はこの代々企業を受け継ぐファミリービジネスによって存在している。しかしながら、あくまでもそれは環境であり、実際に追求するかどうかは経営者に依存するところのほうが大きいのは言うまでもない。

この方向性での小売の課題

サンヨネの一番の特長は、その経営哲学にある。その哲学を追求する結果が商品・社員づくりとなり、生産者・メーカーとの密接な協働連携となって結実している。このように商品を中心とした小売の展開方法も一つのイノベーションといえよう。問題は既存の規模の大きなチェーンがこの方法をいかにして実現できるかである。

サンヨネのように個人レベルの提携ではなく、かなりの大規模なシステムと組織で実行するしかないだろう。しかも利益圧迫要因にならぬよう実現する必要がある。これは簡単に実現できる方法ではない。しかしながら、スタートを切らねば到達することはできないのである。そしてこのような質的な成長に加えて規模を実現する量的な拡大を可能にすれば真の小売イノベーションになるのである。

この第7章のサンヨネの事例では、経営者の哲学主導で生産者を経済的に豊かにし、消費者の声を彼らに伝え、質の高い商品の生産意欲も増大させることを通じ、「本当はこういうものが欲しかったんだ」という生活者のニーズに対応していることが描かれている。主として商品を中心として顧客に喜びをもたらしている。加えて北海道の六花亭に触発されてインターナル・マーケティングも実践し、長年勤続の商品知識が豊富で顧客と長い付き合いのある従業員が半数を占めるという経営を実践できている。

この経営はまさにイノベーションの萌芽といえる。これらのことを大規模な小売チェーンで実施することは至難の業といえようが、避けて通ることはできない。すでに多くの大規模小売チェーンが自前の農場などを持っているが、それが小売イノベーションのスタートであるといえよう。

次章では商品という側面ではなく、商圏マネジメントの観点から買い物弱者救済の移動販売車ビジネスやコミュニティ・サポートなどいわゆる社会のためになるというソーシャルビジネスの観点からの小売イノベーションの萌芽を見ていこう。

第8章

社会システム化（商圏マネジメント）を目指すイノベーションの萌芽

～コミュニティ・サポートを重視するコープさっぽろのケース～

第7章のサンヨネの事例が商品力を中心とする小売イノベーションの萌芽とすれば、コミュニティを中心とする小売イノベーションの萌芽はコープさっぽろに見られる。もともと生協では消費者に当たるのが組合員であり、消費生活協同組合法により組合員のために奉仕することが「第二章　事業」で定められている。

たとえば、第九条には「組合は、その行う事業によつて、その組合員及び会員（以下『組合員』と総称する。）に最大の奉仕をすることを目的とし、営利を目的としてその事業を行つてはならない。」と定められており、その事業の種類は、第十条に次のように定められている。[※26]

組合は、次の事業の全部又は一部を行うことができる。

一　組合員の生活に必要な物資を購入し、これに加工し若しくは加工しないで、又は生産して組合員に供給する事業

二　組合員の生活に有用な協同施設を設置し、組合員に利用させる事業（第六号及び第七号の事業を除く。）

三　組合員の生活の改善及び文化の向上を図る事業
四　組合員の生活の共済を図る事業
五　組合員及び組合従業員の組合事業に関する知識の向上を図る事業
六　組合員に対する医療に関する事業
七　高齢者、障害者等の福祉に関する事業であつて組合員に利用させるもの
八　前各号の事業に附帯する事業

以上のようにもともと公共性の高い組織であり、小売においても社会事業を行うものとして特殊な位置付けにあった。しかしながら、小売イノベーションの今後の中心をなすものとして著者が挙げるように第三次流通革命の中心は商圏マネジメントにあり、社会システムとしての役割を担うことと考えられ、コミュニティ・サポートが重要となる。

したがって、他の小売業もソーシャルビジネスの需要性を認識し、この面で生協に近づきつつあるが、この分野にもともと慣れている生協は他の小売に比べて一歩リードしている。中でも創意工夫をもって積極的にその方向を強力に推し進めつつあるコープさっぽろの事例をみてみよう。※27

コープさっぽろの事業概要

最初に対象となるコープさっぽろの事業概要をそのホームページ及び大見理事長へのインタビュー資料などから拾っておこう。その正式名称は「生活協同組合コープさっぽろ」であり、もともとの「生活協同組合市民生協コープさっぽろ」が２０００年に名称変更されている。その創立に関しては、１９６５年（昭和40年）７月18日に創立総会が開催され、10月１日に創業が開始された。これは、チェーンストアの進出がめざましかった１９６５年に消費者の手で真に消費者の利益を守る流通網を作ろうと、札幌市立北園小学校体育館に地域の住民と北大生協職員を合わせて２００名ほど集まって札幌市民生協として設立されたという経緯である。

店舗は、北大生協から譲り受けた大学村支店と同生協から賃貸を受けた北大生協桑園職員寮の１階の２ヵ所で、組合員１１８１名、役職員32名によって１９６５年10月１日に営業が開始されている。

（出典：コープさっぽろホームページ　http://www.coop-sapporo.or.jp/）

本部は、札幌市西区発寒11条5丁目10番1号である。定款によれば、現時点での活動エリアは、北海道全域であり、その組合員数は、159万6125名（2016年3月20日現在）である。ちなみに組合員組織率は、コープさっぽろ事業所所在市町村の世帯数273万8172世帯（2015年3月末）において57・0％（札幌市50・0％、旭川市68・9％、函館市67・5％、石狩市77・2％など）となっている。その出資金は、644億6690万1000円（2016年3月20日現在）であり、売上高に当たる供給高は2662億1925万7000円（2015年3月21日～2016年3月20日）に到っている。道内最大のライバルであり、経営統合を繰り返して成長する道内最大手の株式会社アークスが、ほぼ同時期（2016年2月期決算）の連結で5019億円であることを見てもこの2社及びイオンを加えた3社による寡占が道内では進行している。

またコープさっぽろの供給高の内訳は、店舗事業が1856億4827万円、宅配事業が752億2790万円、共済事業が16億4597万円、そしてそのほかが53億3337万円となっている。供給高及び経常利益に当たる経常剰余の推移は次の（図表8－①）のよ

供給高と経常剰余の推移

（図表 8 －①）

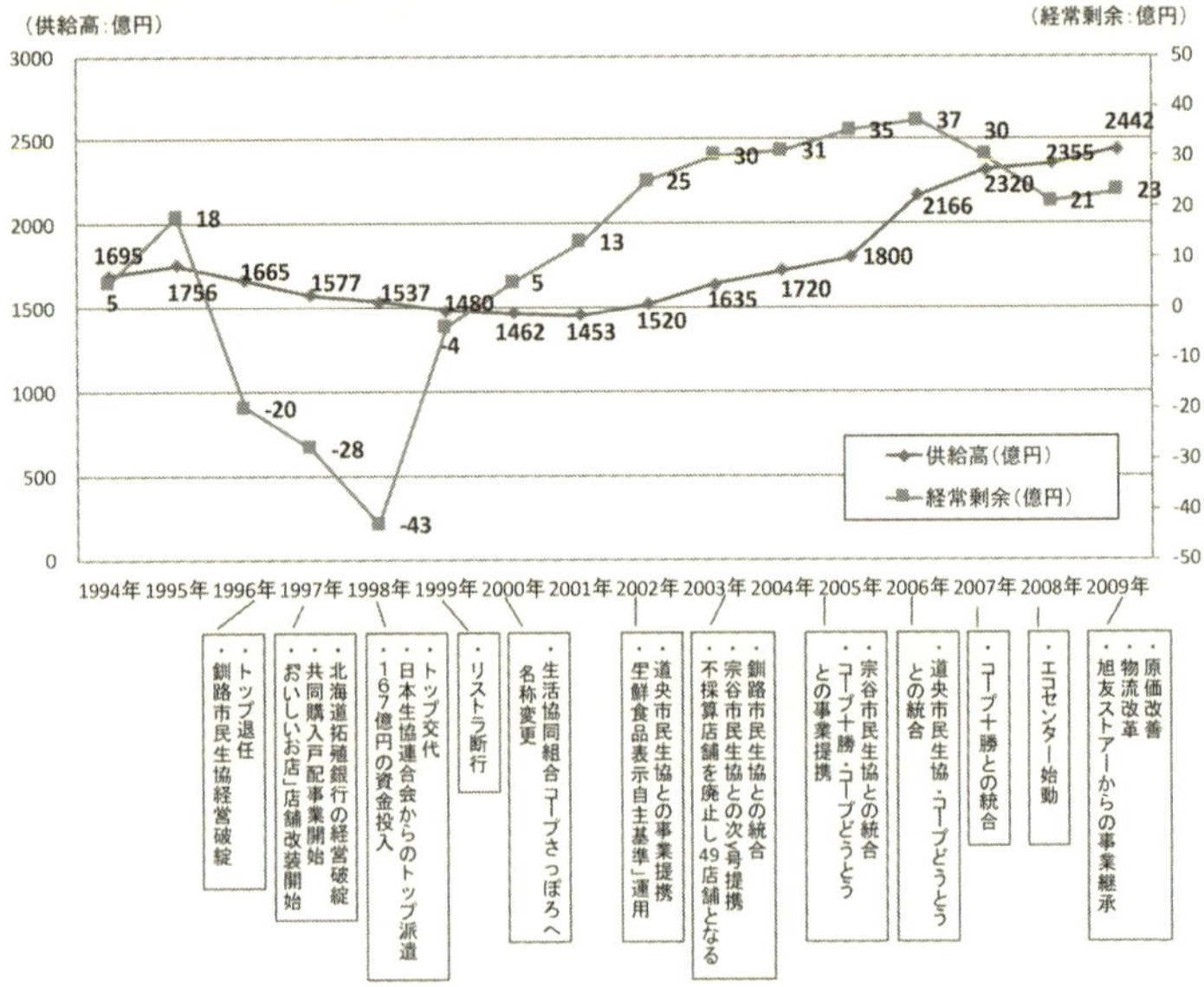

出典：上田隆穂、星野浩美（2011）

「小売業界における脱成熟モデルの考察～コープさっぽろ　自主再建から復活へのケース～」、

『学習院大学経済経営研究所年報』第 25 巻、p.4

うになる。

この図表を見る限り、１９９０年代後半から２０００年代初頭にかけて停滞して以後、順調に推移しているように見えるが、実は１９９６年から激しい利益の低下に襲われ、非常に厳しい状況を迎えるに到った。しかしながら、１９９８年のトップ交替、日本生活協同組合連合会からのトップ派遣、１６７億円の資金投入、そして１９９９年のリストラの断行を境に回復傾向を示し、生活協同組合コープさっぽろへの名称変更を実施した２０００年にやっと黒字を回復することになる。それ以降は北海道地域生協の統合を繰り返しつつ２００６年まで順調に利益を伸ばし続け、２００８年９月のリーマンショックで利益を落とすまで驚異的な回復傾向を見せている。

職員数に関しては、現在、正規職員が２０２６名、契約職員が１１３０名、パート・アルバイト職員が９６７０名（２０１６年３月20日現在）である。

コープさっぽろの事業所数と形態について述べると本部１、地区本部８（札幌、旭川、函館、室蘭、釧路、苫小牧、北見、帯広）であり、その店舗数は１０８店舗であり、28市

18町（2015年9月1日現在）に跨がっている。これら以外にもコープ宅配システムトドックセンターが32センター存在している。

小売を取り巻く社会環境とコープさっぽろ

これまでのおさらいにもなるが、小売を取り巻く社会情勢を眺めてみるとあることに気がつく。日本でのマーケティングはその規模の大きさと情報力からまずメーカーがパワー、つまり主導権を握っていた。小売はまだ規模が小さく、情報も乏しくパワーの源泉を握っていなかった。それが1950年代になり、チェーンオペレーション技術がアメリカから導入され、セルフサービス、ワンストップ・ショッピングが可能となり、これに伴い小売チェーンが大規模化して、第一次流通革命が起こった。

しかしながら本当に小売にパワーがシフトしたのは、1980年代にPOSシステムが導入され始め、なにがどれだけ、いつ売れているのかを瞬時に把握することが可能となり、その仕入れ規模と合わせて情報力を付けてからである。イトーヨーカドーでは１９８５年に全店ＰＯＳシステムを導入している。これが言わば第二次流通革命と呼べるものであろう。

現在パワーはどこにあるのだろうか。それはどこに情報力が存在するかを見れば良い。いうまでもなくインターネットの普及により、情報力は消費者つまり生活者に移っているといっても差し支えない。このインターネットの情報力は国家の体制すら変えてしまえるほどのパワーを持っている。これは国際情勢の変化でよくわかるであろう。このように情報力が生活者に移るとメーカーも小売も、当然、購買担当者であるショッパーを含む生活者に目を向けることになる。

このように考えると小売の方向性は生活者にどう対応できるのかという点に尽きよう。ということは小売の進むべき、大きな一つの方向性に関する主流は社会の公器としての方向である。このことは、図らずも２０１１年3月11日に起こった東日本大震災の結果が証明している。

小売業の向かう方向性　（図表 8 －②）

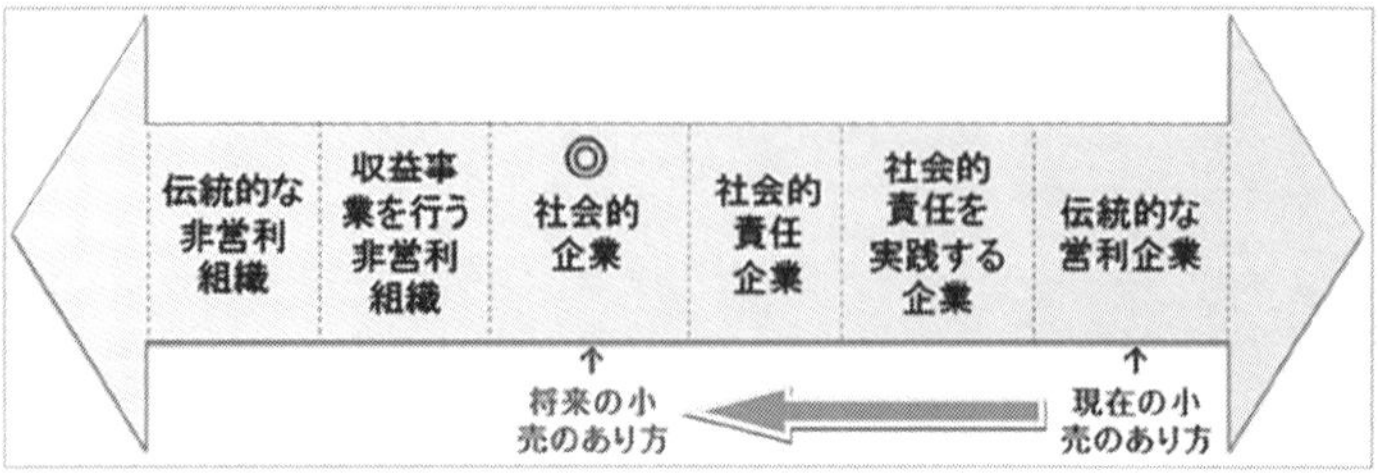

出典：現代生協論編集委員会編（2010）『現代生協論の探求』コープ出版、p.147 に加筆

この方向性を図示すると（図表８－②）のようになる。現在の一般小売企業はこの図表の右端の伝統的な営利企業の意識でいることが多いだろう。しかしながら、方向性としては、生活者が中心となってくるため、次第に左側へとシフトせざるを得ない。この点もともと生協組織は組合員中心の組織であるため、伝統的な小売企業に比べて将来の方向性に近いポジションにいる。

しかしながら、生協といえどもこの社会の趨勢を理解せずそのままの意識でいれば、一般小売業にも置き去りにされる可能性を持っていることをコープさっぽろは理解している。一般営利小売企業を模倣し、原点を忘れた生協の多くが破綻したことを振り返れば明らかである。現在のところ、コープさっぽろはこの流れにうまく乗っている。

組合員に向けた社会事業の数々、たとえば北海道赤平市に代表されるフードデザートに居住する地域組合員への対応がある。つまり赤平地区では過疎地において買い物難民が発生しており、その多くが高齢者である。現在この赤平地区では生協であるコープさっぽろが「お買い物バス」を無料運行し、地域住民に買い物の足を提供している。利益の出る仕組みは次のとおりである。

多くの地域住民にとってお買い物バス利用の主要目的が中央にある大きな病院であり、地域住民は高齢者を中心としてお買い物バスでほぼ毎日この病院を訪れる。そしてこの病院の隣にコープさっぽろの店舗があり、従来地域外に流出していた買い物需要をほぼ取り込むことが可能となった。この結果、お買い物バスを無料としても黒字を出すことができたのである。これもこのバスを中心とするコミュニティであり、買い物弱者である住民の緩やかなコミュニティを形成している。

それ以外にも数々の教育事業、エコ店舗の建設など利益を出しつつもうまく運営して社会貢献を実現している。他の一般小売業に対して社会貢献の観点からかなりのリードをとっており、追随を許していない。生協だから当然ということではなく、社会の趨勢を上手く捉えているといえる。以上の数多くの社会貢献事業の中で、これも一種のコミュニティといえる事例として移動販売車サービスを採り上げて詳しく見てみよう。

北海道の過疎化の現状と特徴

過疎地域自立促進特別措置法の第二条をみると過疎市町村を、45年間の「人口減少率が33％以上」「人口減少率が28％以上で、高齢者比率が29％以上」「人口減少率が28％以上で、若年者比率が14％以下」のいずれかに該当する地域と定義している。

ここで（図表8－③）は、この定義に照らし合わせた時の、北海道における過疎地の分布状況を表している。この地図を見てみると過疎地域は道内に広く分布しており、総面積に占める過疎地域の面積比率は75・2％とかなり大きい。また、過疎地の人口密度をみてみると20・6人であり、全道平均の67・4人と比較すると3分の1以下である。

そして（図表8－④）をみてみよう。これは道内過疎地における年代比率であり、65歳以上の人口比率が年々上昇していることがわかる。道内の限界集落は、集落全体の8・6％を占めており、今後、消滅の危機に直面するのは１６０ヵ所（限界集落の約3割）に及ぶとされている。[※28] ２００８年に道でまとめた「新たな過疎法の制定に向けた北海道の考え方」では次の①～④のような問題点が指摘されている。

① 過疎地では、全国を上回るスピードで人口減少・高齢化が進んでいる。

② 人口減少傾向の強まりにより、札幌都市圏への人口の一極集中が進んでいる。

③ 過疎地における人口減少は、主にはその地域における就業機会の減少が強く影響している。そのため、過疎地における雇用の確保が重要課題となっている。

④ 過疎地における人口減少により、行事・イベントの開催が困難になってきており、冠婚葬祭などの日常生活扶助機能も低下しつつある。

北海道における過疎地域の分布状況　（図表８－③）

※色の濃い部分は過疎地を示す

出典：北海道過疎地域自立促進方針（平成22～27年度）

北海道の過疎地における年代別の人口推移（千人）　（図表８－④）

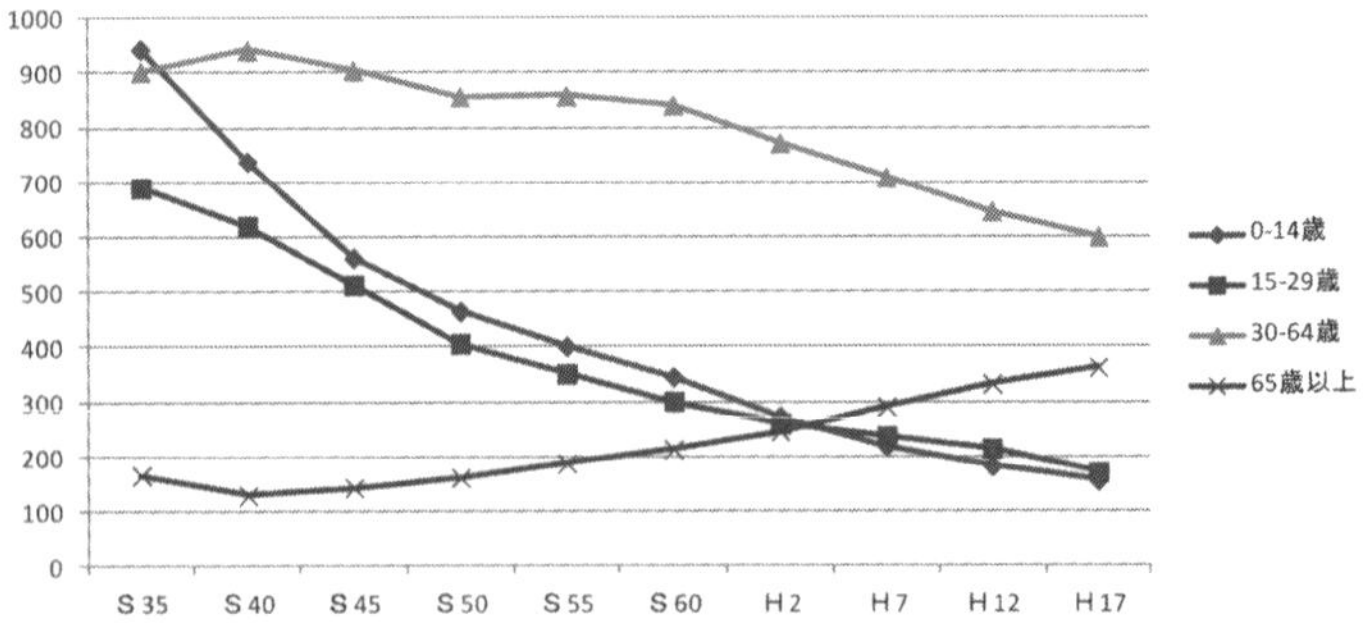

出典：北海道過疎地域自立促進方針（平成22～27年度）

このような問題に対して、北海道では、過疎地域自立促進特別措置法などによる国の支援を受けて、過疎地対策を行っているが、経済情勢がそれほどいいわけではないため、過疎地における雇用の場が減って、過疎地におけるサービス水準を維持するのが難しくなっており、人口減少が続いている。

このケースで対象とする主な地域となった「道央広域連携地域」は、1960年から2005年の45年間で人口減少率は49・0％であり、道内の他の地域と比較すると人口減少率が最も大きい地域となる。次に行った道内過疎地のパーソナルインタビューでは、道内の過疎地住民の生活全般に関する質問を中心に行った。

北海道における過疎地でのパーソナルインタビュー

ここでのパーソナルインタビューの目的は、過疎地における生活関連ニーズを探り出すためである。インタビューは、北海道の過疎地に居住している高齢者を対象に行った。インタビュー対象のリクルーティングは、北海道の調査会社に依頼した。それぞれ厚真町・むかわ町・平取町に居住している3世帯（独居含む）が対象として選定された。このインタビューは、２０１２年2月18日に実施した。インタビューは1時間から1時間半の間で行った。

●対象者1（厚真町居住）

対象者1は70代の夫婦で農業に従事しており、牛を数頭飼っている。夫婦のみで暮らしており、子供は苫小牧に二人いる。牛を飼っている関係で遠出が難しいため、子供から会いにくることが多い。生活スタイルとしては、午前4時くらいに起床して午前6時に朝食、午後6時に夕食、その後就寝であり、ほぼ牛の世話で一日が終わるという生活をしている。対象者1の家庭では、車は所有しておらず、夫はバイク利用、妻は自転車かバスを利用している。対象者1の居住地域では高齢化が進んでいる。

過疎地での生活に慣れている結果とも言えるが、不便を感じていない要因として、そもそも高齢になり外出の回数が減ったこと、FAXによる買い物を比較的活用していることが挙げられる。FAXは、農協が農協の会員への連絡用に各家庭に提供したもの。FAX注文は日用品が対象ではないが、食べ物を含む日用品については、1時間程度かけて夫がバイクで買い物に行き、妻は特に買い物に出かけるということはしないということであった。また、日用品については、外出しなければならないなにかしらの用事がある場合に、ついでにスーパーマーケットに立ち寄って買い物をしている。このような生活は、年をさらに重ねれば難しくなってくると思われる。

実際、スーパーマーケットへは往復1時間ほどかかるため、たとえば、夫が病気になるなど外出が困難になった場合には、買い物も難しくなるだろう。しかしながら、将来的な不安に関する発言はほとんど見られなかった。居住地域では、農協のサービスに加えて、買い物サービスが始まっていることも背景にあるように思われる。

最終的に、対象者1に関しては、生活に対する不満や不安に関する発言はほとんどなされなかった。二人ともこれといった趣味は持っていないとしているが、夫は終日牛の世話をしており、妻は畑で野菜や花を育てている。外出はほとんどしないといっても、暇を持て余しているとか、一日中、家の中でこもっているという状況にはなく、少なくとも現在のところは、夫婦とも外で活動をしている時間が多い。生活に対する不満が顕在化していない背景には、この生活に慣れているということ以外に、なにかしらの活動をし、一日の時間を有効に活用できている状況にあるためとも考えられる。

●対象者2（むかわ町居住）

対象者2は85歳の独居老人（男性）であり、2年程前に妻が他界している。以来、一人暮らしを続けている。猫・フナを飼っており、それらの世話をしながら、午前6時前に起床し7時に朝食、午前中は散歩、昼食後にテレビを見て、夕食後、午後10時前には就寝という生活を送っている。子供は三人おり、正月・ゴールデンウィーク・お盆に戻ってくる。

この地域でも小学校が閉校し、子供の数が減少していく傾向にある。また、若い人たちの流出も起こっており、高齢化が進んでいる。

この地域は買い物をする場所が少なく、対象者2は10キロ離れた場所へ自家用車で買い物に行っている。一週間に一度の買い物であること、また、生活に対する慣れのためか、現状ではその生活に不便は感じていない。しかし、高齢の一人暮らしであることと、スーパーマーケットまでの距離は、今後に不安を感じている要因となっている。この地域には買い物サービスはなく、移動販売車のようなサービスなどがあったら良いと発言している。対象者1と同様、自宅には農協から提供されたＦＡＸが備え付けてあり、ＦＡＸを通じたやりとりに関しては日常的に行っている。ただし、携帯電話の利用に関しては、ハードルが高いと考えている。

対象者2は趣味を持っておらず、猫やフナの世話をして一日を過ごしており、外部とのコミュニケーションの機会は非常に少ない。外に出てもあまり同年代の人には会わないという。楽しみはテレビを見るくらいであり、外との接触はますます減少していく傾向にある。コミュニケーションの機会はもともとなかったわけではなく、数年前まで仲間内で旅行に頻繁に行っていた。しかし、妻を亡くしてから、旅行へ行くことはなくなった。対象者2は、配偶者の他界をきっかけとして、コミュニケーションの機会が少なくなったという。特に過疎地の場合には、人口が少ないことも背景にあり、コミュニケーションの機会は極端に減少すると考えられる。住民同士が顔を合わせるのは、葬儀の時くらいである。

対象者2は、現在の生活全般に対して不安を抱いている。彼の不安は、自動車に乗れなくなった時の生活への不安であったり、一人暮らしであるため、調子が悪くなった時の不安や孤独死への不安だったりする。また、対象者2の特徴は、他の対象者と比較すると周囲とのコミュニケーションの機会を喪失している点であり、これが不安の背景にあるとも考えられる。

●対象者3（平取町居住）

対象者3は70代の夫婦であり、3年前までは、左官業を営んでいた。一時期は繁盛し、6〜7人の従業員を抱えていた。夫婦が住む近隣の公民館や学校はすべて手がけた。しかし、長びく不況で関連業者が倒産し、そこからの受注案件がなくなってしまった。そのため、数年赤字が続き、廃業届を出すことになった。対象者3の家のそばにはスーパーマーケットがあり、買い物には不便がないが、商店街や町は廃れていく一方である。この地域でも学校が閉校・統合される状況が続いているが、子供の数を増やすため、他の地域から親子で移り住む親子留学という制度を実施している。学費や家賃などの補助金がインセンティブになるが、小学6年生までの制度であるため、その後、いかに継続してこの地域に住んでもらうかが課題となっている。

対象者3の夫は、働くということに積極的であり、とにかくいろいろやってみたいと考えている。しかし、居住地域の景気が悪く、なかなか仕事をすることができないという状況を嘆いている。趣味はゴルフであり、趣味の会をつくっているが、若い人が減っており、会員も減少傾向にある。また、冬には雪かきのボランティア活動をしているが、本人としてはお金のもらえる仕事のほうに魅力を感じている。

この地域ではサークルなど、趣味に関する活動が盛んで、妻もパークゴルフ・ビーチバレーなどをしており、お茶のみ友達もいる。また、お祭りなどの行事も活気があることが窺え、周囲とのコミュニケーション機会も多い。夫も積極的に活動したいと願っており、夢中になってやれるものを探している。特に夫の発言の中で多いのは、地域に活気がなくなっていくことへの嘆きである。地域の発展を常に考えており、地域が寂れていくのをどうにかしたいと考えている。しかし、現状では対策はうまくいっていないということが悩みになっている。

以上のインタビューを踏まえると、生活に対する満足・不満に影響する要因は大きく四つに分けることができる。一つ目は、同年代や他世代など、「周囲とのコミュニケーション機会」である。事前調査における移動販売車の利用には、買い物以外に周辺住民とのコミュニケーションという目的があるように思われた。また、パーソナルインタビューでは、80代の独居老人である対象者2は、妻の他界後、以前はあったという地域住民とのコミュニケーション機会をほとんどなくしていた。そして、体の調子が悪くなった時の不安や、孤独死への不安を抱えていた。周囲とのコミュニケーション機会の消失は、このような不安を増長させる要因になっているかもしれない。

二つ目は、行事・イベント・地域づくりなど「町づくり活動の機会」である。対象者3は、とにかく夢中になってやれるものを探しているが、居住地域の景気が悪いという状況を嘆いており、地域が寂れていくのをどうにかしたいと考えている。町づくり活動の機会を充実させることは、余暇活動を充実させるとともに、地域が寂れていくという不安を取り除く機会にもなる。

三つ目は、余暇を充実させるという点において「町づくり活動の機会」に類似しているが、趣味やボランティアなど「社会活動を行う機会」である。高齢者の社会活動の程度は、生活満足度と正の相関関係があると指摘されていることも多い。パーソナルインタビューでは、対象者1・対象者3は、趣味活動やボランティア活動など、社会活動を行う機会を持っている一方、対象者2はこのような社会活動を行う機会を持っていなかった。対象者1・対象者3は夫婦であり、対象者2は独居であるという違いはあるが、社会活動を行う機会の有無は、対象者1や対象者3が生活に不満や不安を顕在化させていない一方、対象者2は顕在化させている原因になっているかもしれない。

四つ目は、買い物環境・移動手段・安否確認など「生活インフラの充実」である。生活インフラが整っていない場合には、年を重ねていくにつれて不満や不安が増していく要因になる。

コープさっぽろの移動販売車サービス[※29]

コープさっぽろの移動販売車は、食料品など生活必需品を取り扱う移動スーパーとして、過疎地に住む買い物難民の暮らしを支えている。著者を中心とする研究グループで移動販売車を追跡することにより、過疎地住民の実態を把握した。その後、過疎地住民に対してパーソナルインタビューを行うことにより、過疎地住民の生活ニーズを探った。

コープさっぽろでは、空知・上川・留萌エリア／石狩・後志エリア／渡島・檜山エリア／胆振・日高・十勝エリア／釧路・北見エリアという5エリアで、27店が移動販売車サービスを提供している。移動販売車事業は、２０１０年から本格始動し、２０１２年現在では、全道で52台が運行している。

取扱商品は日用品・魚類・肉類・菓子・飲料・調味料などであり、商品点数は多くないが、日常生活に必要なものは一通りそろっている。各地域へは、毎週決まった曜日に同じコースを同じ時間でまわり、停車位置に到着後、音楽を流して到着したことを近隣住民に知らせている。

移動販売車が回る回数は、週一回の地区も、週二回の地区もあるが、全体としては週二回の地区が多い。この調査は、２０１１年10月12日～13日で実施し、コープさっぽろの夕張清陵店・余市店における移動販売車を追跡することにした。また、利用客には、若干のインタビューも行っている。（写真８－⑤）はこの移動販売車の外見と車内の状況を写した写真である。

追跡したコースに関して言えば、通りは閑散としており、ほとんど人影はなく、周辺にも商店を確認することはできない。バスの運行状況を確認しても、一日に数本しか走っておらず、自家用車がなければ生活が厳しい地域である。移動販売車の到着後に、住民が通りに顔を出し始める。また、利用客の要望に応じて、利用客の自宅の前や勤務先の前で停車することもあった。

移動販売車の利用客は60代以上が多くを占め、利用者には若い層はほとんどいなかった。また、独居もしくは夫婦二人世帯が中心であった。各停車場所における利用者数は1～10名ほどとバラつきがあったが、特に余市においては、公営住宅周辺における利用者数が多い傾向が見られた。（写真8－⑥）は公営住宅周辺の移動販売車の停車場所及び買い物状況の写真である。

利用者に高齢者が多いのには、いくつかの理由が考えられる。一つ目は、そもそも過疎地は高齢者比率が高いため、結果的に高齢者の利用者が多くなっているということである。二つ目は、利用者の多くは、自家用車を所有していなかったことがある。高齢になると自家用車の運転をしたくてもできない状況にもあり、移動販売車に頼らざるを得ないことが多い。移動販売車以外での買い物をする場合、高齢者でも30キロ以上離れた場所まで行っていた人もいた。しかし、そういう利用者に話を聞いてみると、「それほど不自由は感じていない」「昔からこうしてきた」との回答が多かった。不自由な買い物環境を当たり前とした生活をしているため、不満が顕在化しにくいのであろう。

ただし、移動販売車の利用者は、明らかな買い物難民であり、移動販売車がなければ、日常生活に支障を来す可能性が高い人々である。利用客へのインタビューの中で、買い物

移動販売車の外見と車内の状況　（写真８－⑤）

出典：上田隆穂、兼子良久、星野浩美、青木幸弘（2012）
「過疎地域住民の生活ニーズ調査－過疎地の小売戦略」、
『学習院大学計算機センター年報』Vol.33、p.13

移動販売車の停車場所である公営住宅周辺及び買い物状況（写真８－⑥）

出典：上田隆穂、兼子良久、星野浩美、青木幸弘（2012）
「過疎地域住民の生活ニーズ調査－過疎地の小売戦略」、
『学習院大学計算機センター年報』Vol.33、pp.13-14

については不便を感じていないという一方で、今後一人で生きていくことへの不安を話す人が多かった。彼ら・彼女らの子供たちも、なにかあった時にすぐに駆け付けてもらえる距離には住んでおらず、生活への不安がいつも付きまとっているようだった。

この点が重要であるが、移動販売車の利用者は、買い物だけが目的ではなく、他の利用客とのコミュニケーションも目的としているように思われた。移動販売車の中は、3、4名が入れるくらいのスペースがあり、利用客同士で会話をしながら買い物をしていた。彼ら・彼女らは独居も多く、一日誰とも会話しないこともあるとのことだった。したがって、移動販売車を介した近隣の人々とのふれあいが、日々の生活の中で重要な位置を占めているようであった。これは緩やかなつながりをつくり出すコミュニティそのものである。

利用客が買い物する量は多くはなく、支出金額も2000~3000円程度であり、それほど多くの物を購入してはいない。従って、移動販売車のコストを踏まえれば、一つのルートを一周しての利益はそれほど大きくはない。移動販売車に関しては、コープさっぽろの社会貢献としての側面が大きい。ただし、移動販売車によるサービスの提供は、後に質問紙調査でとったアンケートでも、移動販売車に感謝する旨の記載が多く見られ、コープさっぽろへのロイヤルティの向上につながっていた。

過疎地において小売はどういう方向を取るべきか

スーパーマーケットに代表される小売業は、住民の生活に最も深く関わっている業態である。過疎地住民の生活に関わるサポート活動は、住民の生活満足度の向上によって、最終的には企業の収益にも反映されるようであり、小売業にとっても収益上のメリットは大きい。ただし、社会貢献活動であっても、地域住民のニーズをベースにしたものでなければならない。

上記の調査では、北海道の過疎地を対象に、主にパーソナルインタビュー・質問紙調査から住民ニーズを探り出そうとした。調査の結果、住民は居住地域に対して愛着を感じていることがわかった。この背景には、その土地に住み慣れていることや、周辺住民をよく知っていることがあると考えられる。高齢者にとっては離れがたい土地であるため、満足度の高い環境づくりが必要になってくる。

パーソナルインタビューの結果から、過疎地住民のニーズとして、「周囲とのコミュニケーション機会」「町づくり活動の機会」「社会活動を行う機会」「生活インフラの充実」といったニーズを探り出した。この後、インタビューに基づいたアンケート調査も実施したが、その結果から生活の満足度を上げるためには、前期高齢者・後期高齢者とも共通して、生活インフラに対するニーズが重要であることがわかった。

生活インフラに対するニーズには、買い物環境・移動環境に対するニーズだけでなく、独居老人の安否確認といった安全環境に対するニーズも含まれる。一方、地域づくりやイベントといった町づくり機会に関するニーズは、前期高齢者のみで生活満足度を高めることがわかった。後期高齢者は体力的な問題から、イベントなどにはそれほど強い興味を示さないと思われた。

過疎地における高齢者世帯では、将来的に車を運転できなくなった時や、歩行が難しくなった時に訪れるであろう不安が悩みの種となっており、買い物環境や交通手段の利便性向上への要望が強い。このようなニーズに対応しているのが、上記で採り上げたコープさっぽろの移動販売車やお買い物バスであろう。

高齢者の要望に応え、利便性を向上させるには、小売は、提供するサービスを買い物環境に留まらず、生活全般のサポートに拡充していくことが必要となる。たとえば、本調査のインタビュー対象者はインターネットの活用は難しいものの、ＦＡＸを活用しており、一部の商品に関してはＦＡＸを通じてオーダーをしていた。宅配サービスや高齢者への御用聞きサービスなどは、ＦＡＸを通じたやりとりなどが効率的であるし効果的であるかもしれない。

また、高齢者に対する安全対策活動もニーズが高かった。様々な事業者が、独居老人の安否確認をサービスやボランティアで行うようになってきているが、特に独居老人の不安が大きい過疎地においては必要不可欠なサービスであろう。

前期高齢者でのみニーズが高かったのは、地域づくりやイベントに関する活動の機会であった。パーソナルインタビューで示されたように、住民は居住地域が寂れて活気がなくなっていくのを悩んでおり、どうにかしたいと考えていた。住民が地域づくりに取り組んだり、イベントに取り組んだりするのは、過疎地の活性化を促すだけではなく、地域コミュニケーションの活性化を促すことにもつながる。

小売としては、住民の地域づくり活動に対して協賛を行うような間接的な貢献もできるであろうし、直接的に小売自体が主体となって取り組むこともできるかもしれない。全国の各地域では官民協働の市民参加を前提とした地域づくりが進められているが、地域づくりに参加する住民と行政との間で円滑なコミュニケーションがとれていないことが多いようだ。さらに言うと、過疎地における中小規模の商店や商店街の低迷は、大型小売店の影響を受けることが大きい。

従来、中小規模の商店や商店街は、その地域の祭りや伝統文化など、地域社会への貢献を通じて、地域コミュニティの中心としての役割を担ってきたのだが、過疎地ではその役割を担ってきた商店はなくなりつつある。したがって、過疎地を活性化していくには、過疎地でサービスを提供する大型小売店が、地域づくりに関わる役割を担う必要があるだろう。この点からも移動販売車のもつ社会的意義は大きい。

この移動販売車やそのほかのコミュニティづくりに関するコープさっぽろの活動は、これからの小売のイノベーションの萌芽的な存在と考えてもよかろう。

この事例は、マーケティングの流れである、社会貢献と利益向上を同時に実現しようとする、コトラーが提唱するマーケティング3・0やポーター提唱の共通価値の創造（CSV）の実現に合致している。生協であるから当然であるというのは間違いであり、社会から存在を認められ、必要とされる企業になってはじめて長期の存続が可能になる。この事例では、商圏マネジメントを社会的利益の観点から実践している様子を描いたが、まさに小売業として長期に存続できるイノベーションの萌芽としてのビジネスモデルといえよう。

前章のサンヨネの商品を中心とする事例と併せて、両方の観点からイノベーションを実践できればそれが小売業の未来の姿であろう。最後に次章で小売業の羅針盤といえる経営理念において、これまで述べてきた小売の進むべき方向性がどの程度反映されているのかを検討する。これにより今後の小売の未来を窺えるであろう。

第9章

小売業のありかたを示す経営理念を振り返る：小売企業の経営理念分析[※30]

資本主義とは、『広辞苑』（第六版、岩波書店）によれば、「封建制下に現れ、産業革命によって確立した生産様式。商品生産が支配的な生産形態となっており、生産手段を所有する資本家階級が、自己の労働力以外に売るものをもたない労働者階級から労働力を商品として買い、それを使用して生産した剰余価値を利潤として手に入れる経済体制」となる。

日本で資本主義が形式的に成立したのは、諸説あるが、明治時代の始まりとともに、国策による近代化で財閥とセットで登場したと一般的に考えられている。この資本主義は、労働争議や公害などの歴史的な出来事を乗り越えて、現代に適合した形に変身を遂げてきた。しかしながら、ここへ来て再びきしみを見せているようだ。それは企業の生産活動などが環境に負荷をかけたため、その負荷に地球が耐えられなくなっていること、また特に日本において、少子化・高齢化が進み、独居老人が増えたり、地方においての過疎化が進行したりなど負の側面が増えてきて、その対応が公的機関だけでは不十分になってきているからである。

一方、企業にとっては、少子化・高齢化で国内需要が縮んでいるし、垣根を越えた異業種からの競争的参入により市場の成熟化が進展し、消費者のロイヤルティ維持が困難になっているため、長期的に存続するためには従来とは違った対応をしなければならない状況になりつつある。

このような状況でこれまでの企業は、営利活動とCSR（Corporate Social Responsibility：企業の社会的責任）を分け、営利活動で得た利益の一部をCSRに回すことにより、一定の社会的責任を果たすというものであった。しかしながら、リーマンショックのような大不況がくるとCSR予算は削減され、大幅に後退する。このようなCSRでは、その継続性の観点からも今後の社会では不十分であろう。企業が将来にわたり、長期的に消費者に支持され、繁栄するためには経済状態にかかわらず一定の社会的役割を果たさねばならない。

このような観点から登場してきたのが、今までにも少し出てきたが、この後で詳述するコトラーらのマーケティング3・0とポーターの共通価値（CSV：Creating Shared Value）である。これらの概念を一言で説明すれば、企業活動における収益性と社会性の両立である。つまり企業の営利活動は、その実行において収益を上げると同時に、社会性も併せ持ち、利益が得られるほどに世の中への貢献が大きくなっていくことを意味している。

特に小売業について言えば、小売活動を支えているのは、その商圏における消費者であるため、この消費者を生活者として捉えて、この商圏生活者に対して小売企業が発揮すべき社会性は、小売の存続・繁栄のために収益性とともに今後非常に重要なものとなる。本章では、小売企業の進むべき指針となっている経営理念を検討・分析し、小売の将来の課題について考えることにする。

企業存続のこれからの枠組みとしての共通価値

営利企業の社会貢献と社会的責任を扱うマーケティングは、古くはソーシャル・マーケティングとして登場し、その一環として企業によるＣＳＲ活動がなされてきている。そして2010年にコトラーらが『コトラーのマーケティング3・0』（朝日新聞出版）を著すことによって、従来とは一線を画する概念が登場した。[※31]

簡単に説明すると、同書によれば、「マーケティング1・0」は、製品中心のマーケティングであり、いわゆる「マーケティング・ミックス」や「4P」に象徴されるマーケティングであり、製造中心だった時代に開発された概念である。これに対して、この後、概念が進化して、消費者は受動的ではなく、能動的であると捉え、消費者を中心に据える考え方が出てきた。STPと呼ばれる、セグメンテーション、ターゲティング、ポジショニングの考え方が登場し、さらに消費者との関係性を重視する関係性マーケティングが登場する。これが「マーケティング2・0」である。

次なるマーケティングの進化が「マーケティング3・0」である。しかしながら、同書の解説はいささかわかりにくいようだ。この3・0では、ソーシャルメディア時代には、消費者が自分の意見や経験によって他の消費者に影響を与えることがより簡単となり、協働することができ、より強力な立場となる。またグローバリゼーションの進展で生まれたひずみに不安を感じ、是正したいと考えるようになる。そして精神的な充足を重視するようになる。

このように人をマインドとハートと精神を持つ全人的存在として捉え、「世界をより良い場所にする」ための社会的な「価値創造」が重要な要素になるというのが3・0である。『コトラーのマーケティング3・0』では、ストレートに収益性と社会性の両立を述べているわけではないが、このことが重要なベースとなっているようである。

対照的にポーターの『共通価値の戦略』（ダイヤモンド社）の概念は明確だ。この概念が最初に明確に提唱されたのは、Porter and Kramer（2011）である。[※32] 同書によれば、それは、「企業が事業を営む地域社会の経済条件や社会状況を改善しながら、みずからの競争力を高める方針とその実行」と定義されている。そして「共通価値を創出するに当たって重視することは、社会の発展と経済の発展の関係性を明らかにし、これを拡大すること」としている。つまり企業と社会は敵対関係ではなく、企業は収益性を拡大するためにも社会的価値を実現しなければならないということである。

この両立を意図した企業行動により、新しいビジネスモデルが生まれ、企業基盤が強化されている。たとえば、健康に良い食品や環境に優しい製品などを生み出すことも社会的便益づくりとされている。このほか、ネスレの例などが挙げられており、アフリカや中南米の農家に対し、農法に関するアドバイスを提供したり、銀行融資を保証したり、苗木、農薬、肥料などの必要資源の確保を行い、栽培農家を援助することにより、高品質のコーヒーが生産され、農家の所得も増え、農地への環境負荷も減ったことが紹介されている。

以上より、本章で小売業の目指す方向性を考えるには、ポーターの共通価値のほうがふさわしいと考える。そして小売企業における共通価値を考える上で、企業の将来にわたる活動指針を表したものが経営理念であるため、まず現状として主立った小売企業の経営理念の現状を検討する。

経営理念の検討と分析

『広辞苑』を引くと、理念の意味は「事業・計画などの根底にある根本的な考え方」とある。つまり経営理念、あるいは企業理念、ミッションと呼ばれるものの意味は、「経営の根底にある根本的な考え方」となり、企業の社会における存在意義や現在から未来に向けての行動指針と捉えればいいだろう。たとえば、ホームページよりイオンの経営理念をみると次のようになる。

「『お客さまを原点に平和を追求し、人間を尊重し、地域社会に貢献する』という不変の理念を堅持し、その具現化のための行動指針である、『イオン宣言』を胸に『お客さま第一』を実践してまいります。私たちの理念の中心は、『お客さま』：お客さまへの貢献を永遠の使命とし、最もお客さま志向に徹する企業集団です。『平和』：事業の繁栄を通じて、平和を追求し続ける企業集団です。『人間』：人間を尊重し、人間的なつながりを重視する企業集団です。『地域』：地域のくらしに根ざし、地域社会に貢献し続ける企業集団です。」

この理念のポイントは、「顧客」、「平和」、「地域貢献」である。

これに対し、イトーヨーカドーの社是は次のようになる。

「私たちは、お客様に信頼される、誠実な企業でありたい。
私たちは、取引先、株主、地域社会に信頼される、誠実な企業でありたい。
私たちは、社員に信頼される、誠実な企業でありたい。」

ここでは「顧客」「地域社会」は同じであるが、「取引先」「株主」「社員」というステークホルダーが登場している。両社の理念の範囲がやや異なることがわかる。

企業の指針となる経営理念の分析は驚くほどに見当たらないようである。経営理念は絵に描いた餅だから研究対象に値しないという考え方が根底にあるのかもしれないが、本章では、小売業の目指す方向性を概観するために、少なくとも企業の指針を描く経営理念の現状を分析し、業態による差の有無をみてみたい。さらに食品スーパーに絞り込んだ検討も行ってみる。

分析対象と分析方法

経営理念を分析するに当たっては、コンビニエンスストア（以下、ＣＶＳ）、総合スーパーマーケット（以下、ＧＭＳ）、食品スーパー（以下、ＳＭ）の三業態それぞれから、売上高ランキングを参考に分析対象とする企業を選んだ。[※33] 最終的に、対象企業としてＣＶＳ12社、ＧＭＳ14社、ＳＭ50社の計76社をピックアップした。このピックアップの数の違いはもともとの数の大きさの違いを反映している。

小売業においては、その多くが系列・グループ化されているが、店舗ブランド間で経営理念を統一している場合としていない場合がある。たとえば、セーブオン（ＣＶＳ）とベイシア（ＳＭ）はベイシアグループに属しており、経営理念は統一されている。このようなケースでは、どちらの業態のものとして扱うかが問題となるが、今回は売上規模の大きいほうの業態に組み入れた。そのため、セーブオンとベイシアの例で言えば、ＳＭカテゴリーの経営理念として扱っている。また、同じように経営理念が統一されているケースにおいて、系列・グループにCVS・GMS・SM以外の業態が含まれていることもある。たとえば、GMSの長崎屋はドン・キホーテグループに属している。

しかし、ドン・キホーテグループでは、ディスカウントストアのドン・キホーテの売上が突出しており、これをGMSの経営理念として扱うにはやや無理がある。そのため、このような場合には、本研究の分析対象から外した。したがって、長崎屋はGMSの中では売上ランキング上位には入るものの、本研究の分析対象には含めていない。また、分析対象とする経営理念については、原則としてホームページに掲載されている文章を利用している。[※34]インターネット上から入手可能な資料において、経営理念が不明、もしくはそれに該当する文章はあるが、それが経営理念か否かの判断が難しい企業については分析対象から外している。

ピックアップした企業の経営理念を検討するにあたり、その文章に対してコーディングを行った。コーディングとは、文章を予め設定したカテゴリーに分類して、集計可能な形式に変えることを指す。またコーディングに当たっては、複数の内容を含む記述が多いため、複数選択形式でコード化した。テキストの分類は人が作業をするため、分類が主観的になりやすい。そのため、コーディングするコーダーを二人（コーダーA／コーダーB）とし、コーディングは次の手順で行った。まず、コーダーAが、経営理念からコード項目（図表９－①）を作成するとともにコーディング作業を行った。続いて、コーダーBは、コーダーAが作成したコード項目を使い、コーダーAとは別個にコーディング作業を行った。最後に二人のコーダーのコーディング結果をもとに分類の信頼性を確認するための統計処理も施している。最終的に、分類に食い違いが生じたものに関しては、コーダー間の議論で分類を決めた。

コーディングの結果

（図表９－①）を見てみよう。経営理念については、心的にも幸せの提供を目指すとする「物心両面での幸せの提供」、高い質・格安・安全など、求められる商品を提供していくとする「より良い商品の提供」、顧客を第一に考えるとする「誠実な商売スタンス」、ビ

コード項目と記述例 (図表9－①)

コード大項目	コード小項目	記述例
物心両面での幸せの提供	豊か・快適な暮らしの提供／提案	…豊かな暮らしに感謝する…
	喜び・満足の提供	…満足を提供することが我々の最大の使命…
	住民の幸せに貢献する	…地域社会のより豊かな暮らしと幸福のために…
より良い商品の提供	質の良い商品の提供	…良質の商品を最も安い価格で提供し、…
	格安な商品の提供	…良質の商品を最も安い価格で提供し、…
	安心・安全な商品の提供	…安全で安心な商品とサービスの提供を通して、…
	価値あるサービスの創造・提供	…創造提案型企業を目指します…
誠実な商売スタンス	顧客第一のスタンス	…すべての行動はお客様のためをモットーに…
	誠実な商いをする	…誠実に事業を進め、常に経営を公開し…
	買物の楽しさ・魅力ある売場の提供	…毎日のお買物の楽しさを大切に…
地域社会への貢献	社会貢献	…事業を通じて社会に貢献する…
	地域社会(地域経済)発展に貢献	…雇用創出や商店街との同時性を構築…
	地域文化発展に貢献	…地域文化の発展向上に寄与…
	地域住民の生活向上に貢献	…豊かな文化生活の向上に寄与…
会社／社員／取引先の発展	ステークホルダーとの共存共栄	…お取引先・株主・社員とともに発展…
	事業の発展を目指す	…社会の発展を図る…
	社員のやりがい・幸せの提供	…全従業員の物心両面の幸福の追求…
地域密着の経費	地域密着型の経営を行う	…地域に根ざした店づくりを目指して…
	住民に愛される／生活拠点になる	…生活サービスの拠点となるよう力を…

出典：上田隆穂、兼子良久(2013)「経営理念の現状分析と小売業の目指すべき2つの方向性」、『マーケティングジャーナル』129号、p.46

ジネスを通じて地域経済や文化に貢献していくとする「地域社会への貢献」、ステークホルダーとともに発展を目指すとする「会社／社員／取引先の発展」、地域に根ざした店舗を目指すとする「地域密着の経営」といった内容に大分類することができる。

この図表において、（図表9－②a）の大項目ベースでは、「物心両面での幸せの提供（豊か・快適な暮らしの提供・提案／喜び・満足の提供／住民の幸せに貢献する）」が44件で最も多くなった。分析対象としている企業は76社なので、半数以上の企業が、この内容を経営理念として含んでいることになる。一方、（図表9－②b）の小項目ベースでの集計では、「豊か・快適な暮らしの提供・提案」「顧客第一のスタンス」「質の良い商品の提供」「格安な商品の提供」「喜び・満足の提供」の順番となった。

次に、業態間の相対的特徴を調べるため、コーディング後のデータに対してコレスポンデンス分析といわれる統計的な分析を行った。[※35] 名前は複雑そうだがグラフを描かせる方法である。企業を業態ごとに分け、コーディングして求められた項目に該当する企業数を数え上げ、それを分析に利用している。

集計結果 (1)：大項目　　（図表 9 －② a）

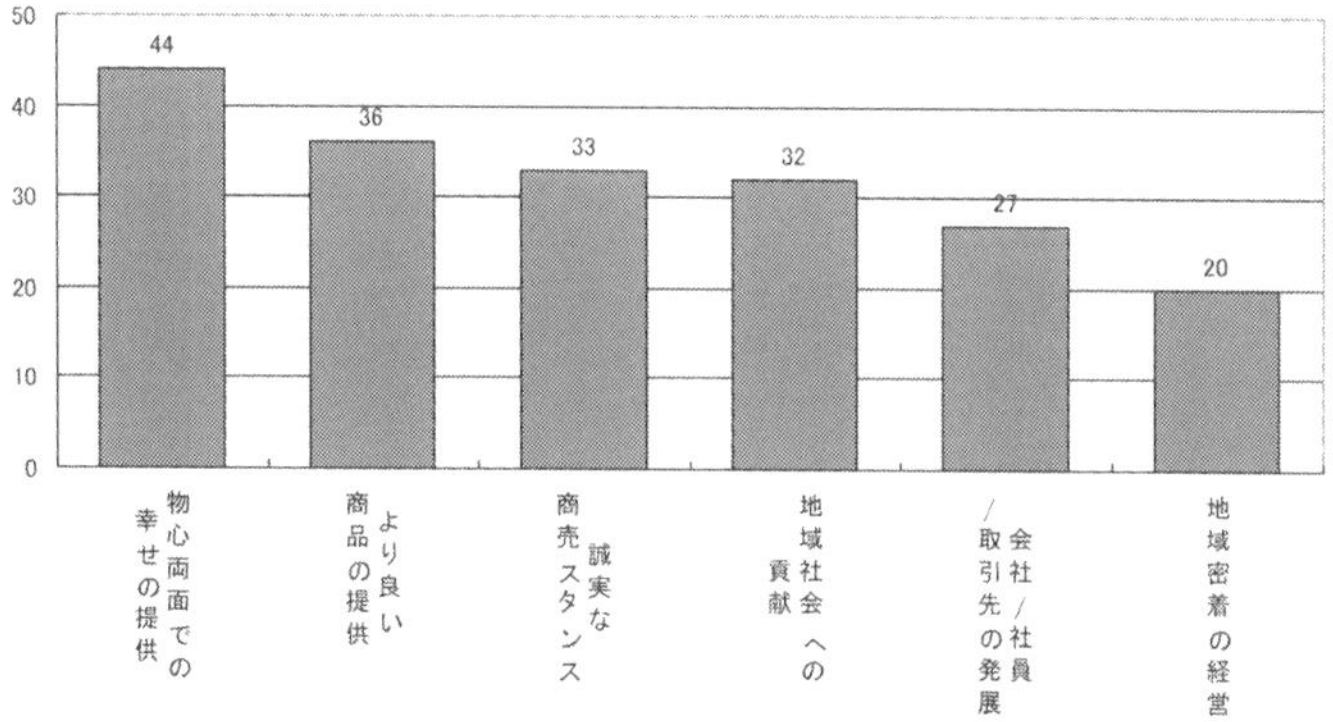

出典：上田隆穂、兼子良久 (2013)「経営理念の現状分析と小売業の目指すべき2つの方向性」、『マーケティングジャーナル』129 号、p.47

集計結果 (2)：小項目　　（図表 9 －② b）

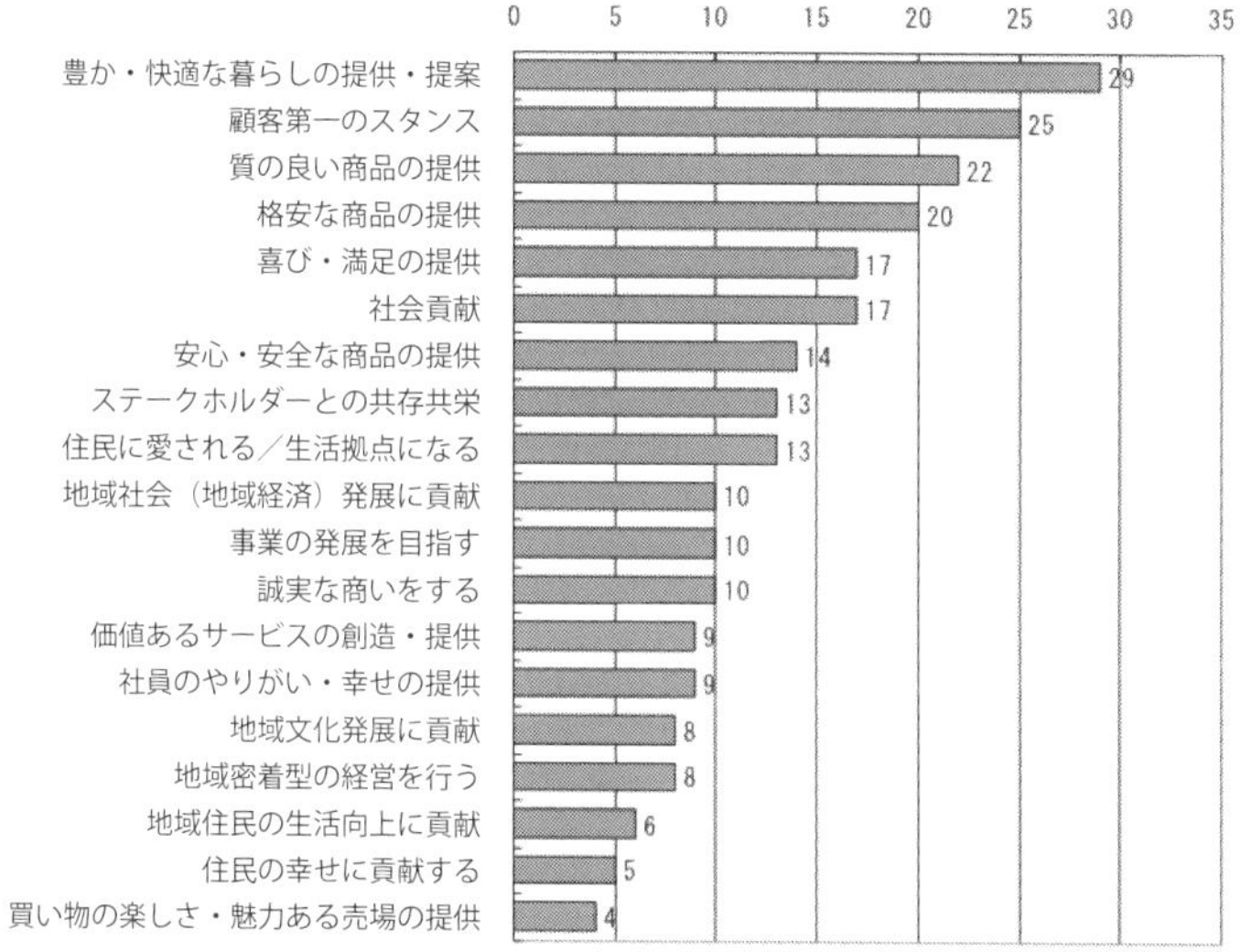

出典：上田隆穂、兼子良久 (2013)「経営理念の現状分析と小売業の目指すべき2つの方向性」、『マーケティングジャーナル』129 号、p.48

この結果を（図表9－③）に示す。参考に求められた指標も載せておくが、重要なのは寄与率で軸の重要度のウェートを表している。分類において第1軸が全体の71％で、第2軸が29％の情報量を使っている。以下簡単に解説を行う。この図表中には三業態のポジションが示されており、また各キーワード小項目がプロットされている。そこからは若干ではあるが、業態間で傾向の差が確認される。

まず、CVSに関しては、この図をみると「地域密着型の経営を行う」「住民に愛される／生活拠点になる」といったように、他業態と比較すると地域密着経営で地域の生活拠点化を、経営理念のキーワードとする傾向がある。これは狭小商圏においてCVSが立脚しているため、経営理念づくりの意識としてはうなずける結果だ。

一方、GMSに関しては「地域社会（地域経済）発展に貢献」「地域文化発展に貢献」といったような地域社会への貢献や、格安・質の良さといった取扱商品に対するスタンスをキーワードとする傾向がある。この傾向は、そのショッピングセンター的な性格ゆえに町づくりという意識に基づくためであろう。SMに関しては「誠実な商いをする」「顧客第一のスタンス」といった商いのスタンス及び「地域住民の生活向上に貢献」という地域

コレスポンデンス分析の結果　（図表９－③）

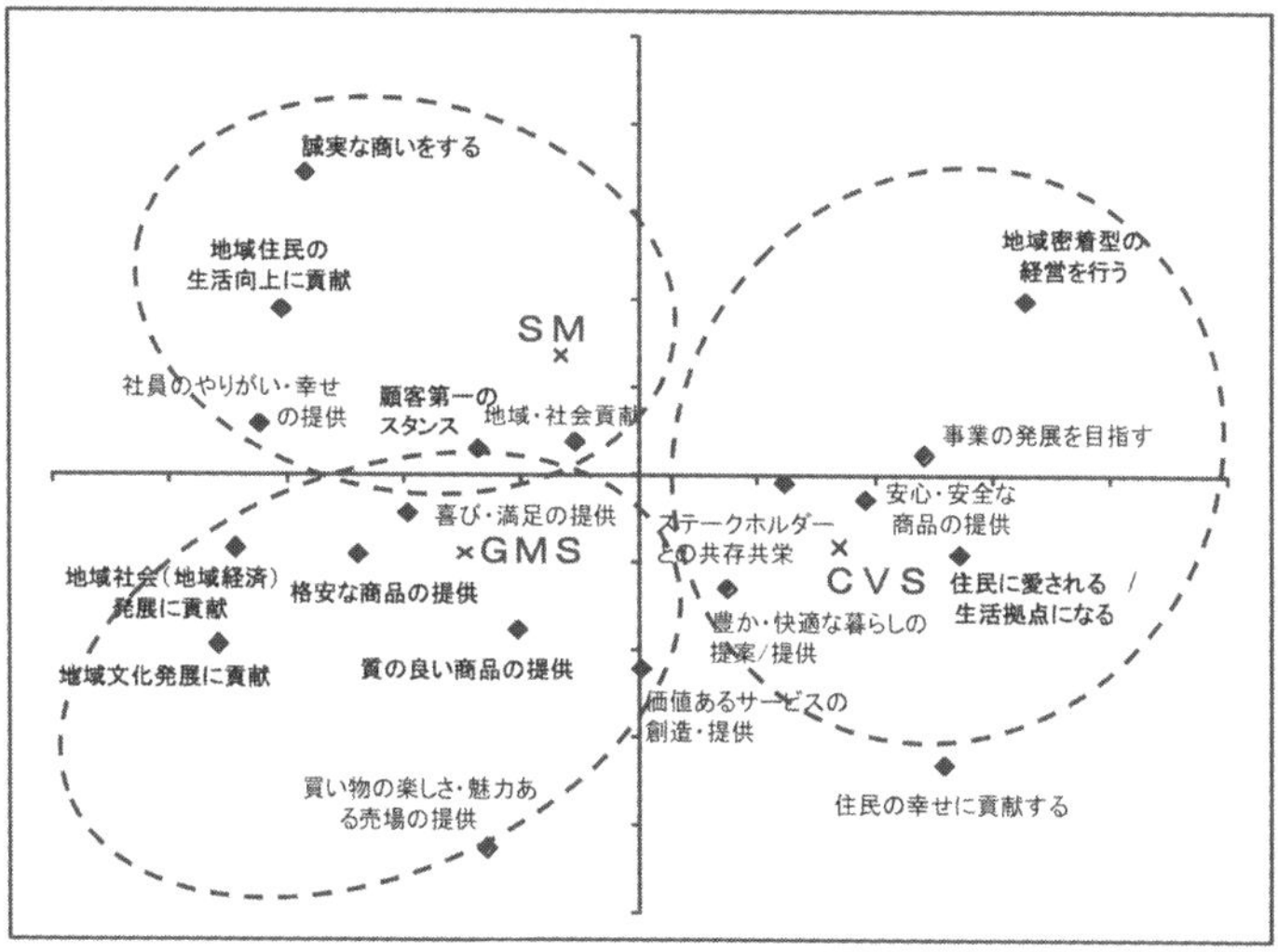

軸	特異値	固有値	寄与率	累積寄与率
第1軸	13.81	190.75	0.71	0.71
第2軸	8.91	79.46	0.29	1.00

出典：上田隆穂、兼子良久 (2013)「経営理念の現状分析と小売業の目指すべき2つの方向性」、『マーケティングジャーナル』129号、p.49

色を経営理念のキーワードとする傾向が見られる。

食品スーパーの経営理念をもとにしたポジショニング分析

今度は中心的な分析対象としている食品スーパー50社に絞り、経営理念をもとにした各社の位置関係を類似の分析手法を提供して検討してみる。※36 各項目をプロットしたものを（図表9－④a）に示す。また、分析対象となった食品スーパーのうち、売上上位15社及び第7章で扱った豊橋の食品スーパー・サンヨネまでをプロットして（図表9－④b）に示した。ただし両図表とも軸が反対方向を意味しているわけではない。プラス・マイナスの概念はないと考えられたい。

まず、（図表9－④a）をみると主要な特徴としては、縦軸上方向の「商品」関連の方向性と横軸右方向の「地域への貢献」関連の方向性の二つが挙げられる。これに対し、縦軸下方向では「顧客第一」と「事業発展」というやや抽象的な特徴があり、また横軸左方向では、「喜び・満足の提供」というやはり抽象的な特徴が現れている。軸の名前は具体的な小項目のポジション結果から決めている。

次に（図表9－④b）には16社が図表中にプロットされている。（図表9－④a）の二つの方向性を見ると「商品」方向には、サンヨネ、ヤオコーが位置しており、「地域への貢献」方向にはコープさっぽろが位置している。また第3象限には16社のうち7社の経営理念が位置付けられている。これらの小売企業の経営理念はより抽象度の高いところに位置付けが行われている。もとよりこの分析は、経営理念の善し悪しを問うものではなく、その具体性・抽象性は善し悪しの基準とはならない。しかしながら、これらのポジショニングが各小売企業の未来への方向性への意識を示すものであるため、小売企業の取る具体的な方向性が明確であるのは、縦軸上方向の「商品」関連の方向性と横軸右方向の「地域への貢献」関連の方向性のそれぞれの経営理念にポジショニングする小売企業である。

この両図表を重ね合わせて表示すると理解しやすいため、参考としてこれらの二つの図表を重ね合わせた通常のポジショニングマップである（図表9－⑤）を示しておく。この

各項目のプロット　　（図表 9 －④ a）

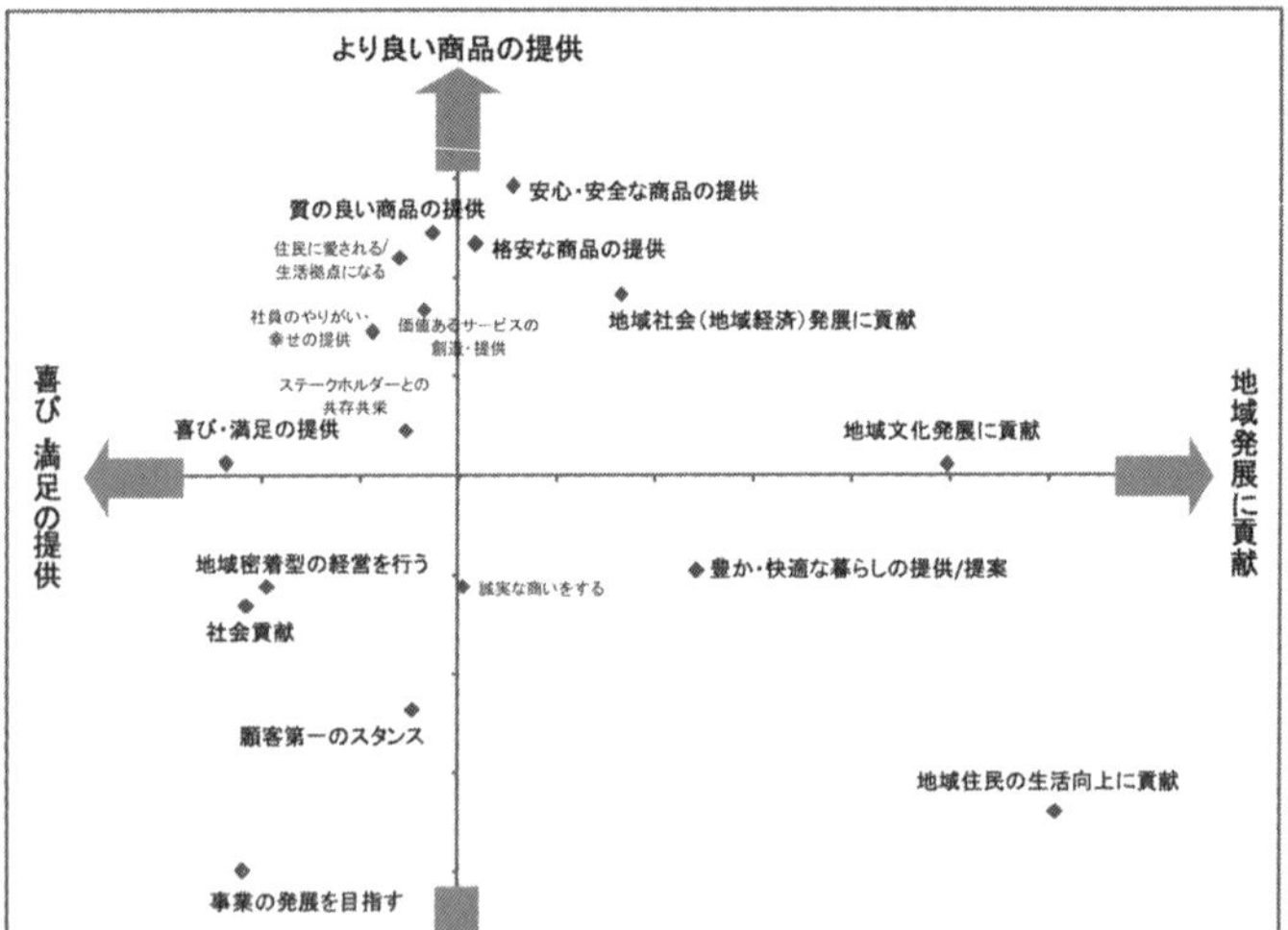

出典：上田隆穂、兼子良久 (2013)「経営理念の現状分析と小売業の目指すべき2つの方向性」、『マーケティングジャーナル』129 号、p.49

食品スーパーのプロット　（図表 9 －④ b）

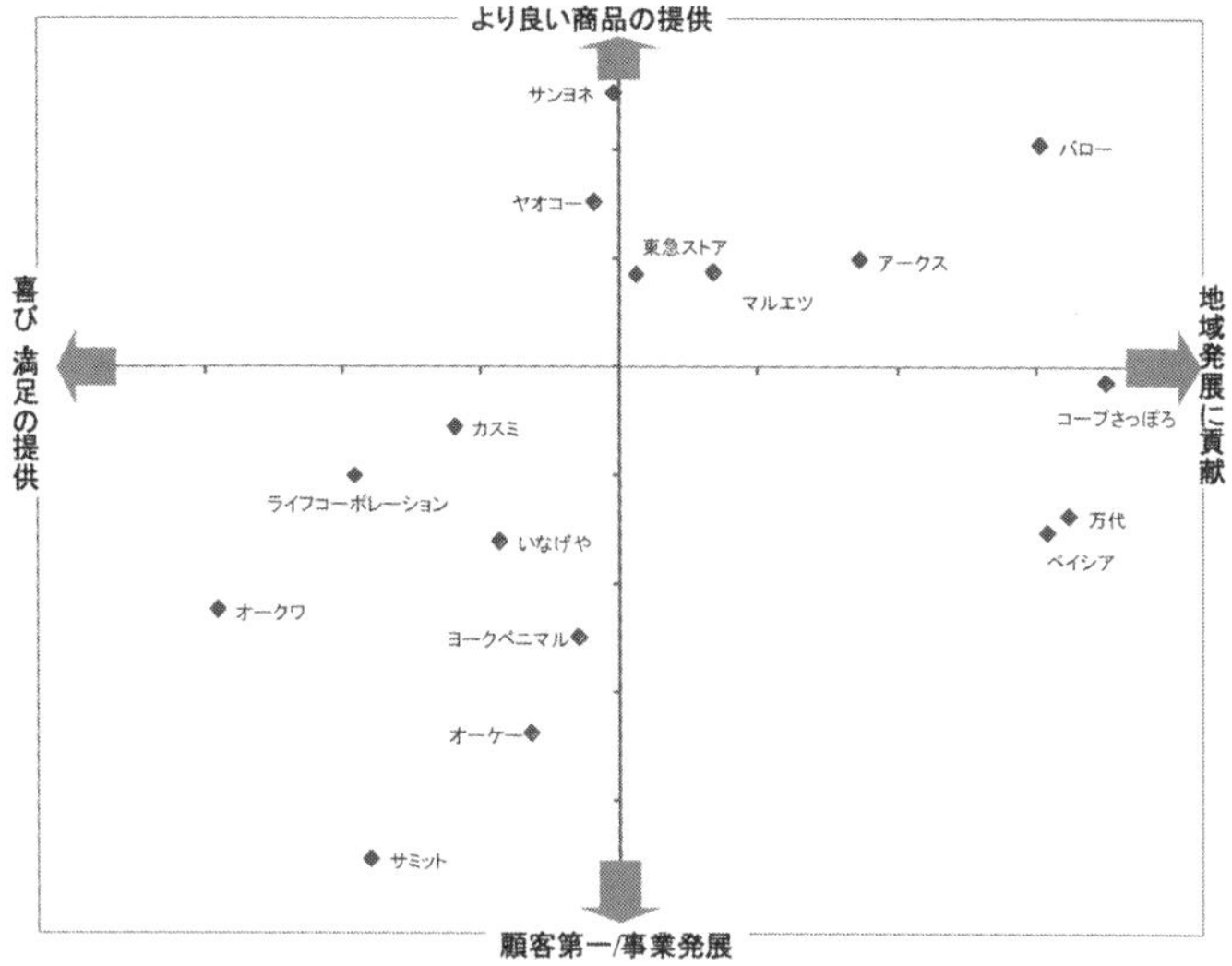

出典：上田隆穂、兼子良久 (2013)「経営理念の現状分析と小売業の目指すべき2つの方向性」、『マーケティングジャーナル』129 号、p.50

小売企業の経営理念構成要素におけるポジショニング　　（図表9－⑤）

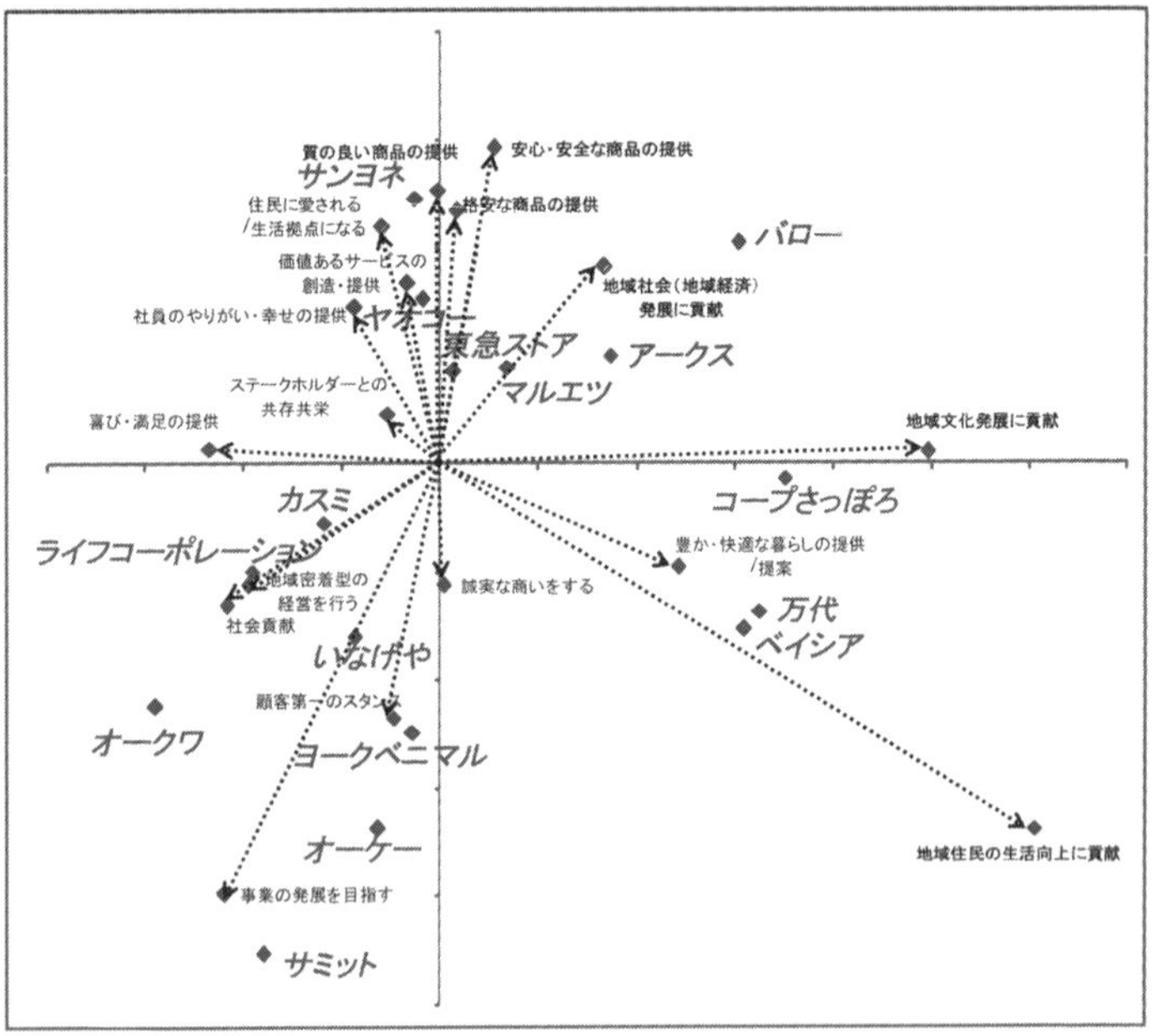

出典：上田隆穂、兼子良久（2013）「経営理念の現状分析と小売業の目指すべき2つの方向性」、『マーケティングジャーナル』129号、p.51

図表から個別小売企業の経営理念に関する意識は、よりはっきりするだろう。これをみるとコミュニティ・サポートの意識の高い小売業としてはコープさっぽろ、万代、ベイシアが位置付けられる。

コープさっぽろは、２０１０年10月25日、高齢者向け夕食配食サービスをスタートさせた。この事業は、「高齢者の在宅支援と安否確認」を目的に開始され、コープさっぽろは札幌市・函館市・旭川市などの各自治体と「高齢者・見守り協定」を結び、「安心の街づくり」の輪を広げている。[※37]この配食サービスは、調理のままならない消費者に目を配ったもので、最大週６回、１食５００円程度で調理済み総菜を宅配する「社会給食事業」である。配達員は顧客の安否確認も兼ねて毎回手渡しする。この食事宅配は既存インフラを有効活用しており、店舗向けの弁当や総菜を生産する傘下の食品工場や店内調理室でつくる。店では暇な正午から午後３時までの時間帯を活かしているため、稼働率も高まり、低コスト運営も可能である。出来上がった食事は全道に30ヵ所ある宅配事業の配送センターに集約され、そこから各利用者宅への配送は有償ボランティア活動に任せている。[※38]２０１２年４月18日よりスタートさせた幼稚園給食サービスなどを含む規模拡大により、黒字化は可能となっているだろう。

地域住民の生活の質向上については、元来、地方自治体がその役割を担ってきたが、公共事業では十分手が回っておらず、以上のような事業では、地域活性化における民間企業、特に地域に根ざした小売業の役割が重要性を増している。小売業は、人が生活する場所には必ず存在し、住民の生活に深く関わっている企業である。したがって、地域住民の生活に関わるようなサービスの提供や社会貢献活動は、収益性が伴ってはじめて存続可能なものとなり、小売業が最も適した事業であろう。地域コミュニティへのサポートを中心とする、これらの地域への社会貢献は、住民の生活満足度の向上によって小売業へのロイヤルティを高め、最終的には企業の収益拡大にも反映されるはずである。

おわりに

本書では、長きにわたって小売業、特に食品スーパーを対象として、生活者視点からその未来のあるべき姿を述べてきた。その姿は基本的にはマクロイノベーションによって不連続的に変化すると捉えている。たとえば、第一次流通革命はチェーンシステムによる変化であり、組織論や効率を考える経営システム論の視点から論じられることが多い。第二次流通革命はＰＯＳデータによる情報システムによる変化であり、情報システム論と物流視点から論じられるであろう。しかしながら、第三次流通革命につながる近年起こるであろう大きな変化は、本書で述べたように、小売業による商圏マネジメントで捉えられる。

そしてその商圏マネジメントの中身がコミュニティの形成・サポートや生活者のライフステージごとへの対応が主であり、その理由が生活者の日常における希望活性化から需要を生み出すということであった。それゆえの生活者視点なのである。つまり消費者行動論の中で深層心理調査を中心とするマーケティングによる探求といえる。この近年の変化傾向をコープさっぽろで行った未来店舗実験を中心に実証を行っており、大きな手応えを得ることができた。ただし、まだ外部コミュニティ・サポートやボランティアのマッチングなど店舗実験を実現しきれない点が残っており、今後の課題である。

とは言っても小売業のベースは商品力であることは明らかなため、ケースで述べたサンヨネによる萌芽的な実践は見習うべき点が随所にある。そのうえで、コープさっぽろが磨きつつあるコミュニティへのサポートを実践していく必要があろう。

言葉上ではこうすれば良いと簡単に言い切ることはできるのだが、きちんと実践することはそう容易ではない。他企業の単なる模倣だけでも良くはない。取り組むからにはきちんと実行する経営理念をつくり、絵に描いた餅にならぬよう、日々実践することが重要だ。またそれを実践するためには本書の中で頻繁に出てきたインターナル・マーケティングが重要であり、これによって組織を良くすることも必要になってくる。これはサンヨネのケースで詳しいが、多くの小売でもますます懸命に取り組む必要がある。

すでにグローバル化の時代である。本書で述べたことを実践するための、きちんとした体制を整備して、自己の強みを先頭に日々進化しようとする姿勢を貫けば長期的な存続を社会から認められるであろう。世の中は常に変化しているが、それは社会の進化とシンクロナイズしている。進化した世界で旧態依然では淘汰されるのが道理である。それゆえ新しい世の経営者には進化するための哲学・理念が必須なのであり、イノベーションに取り組む実験マインドが重要なのである。

これからの小売業の経営はますますボーダーレスになっていくだろう。きちんとした哲学・理念を持ち、イノベーションに対する実験マインドを持つ小売業の経営者がますます繁栄することを願って本書を結ぶこととしたい。

※1　上田隆穂（2014）巻頭言「大胆に考える2020年の小売業」『マーケティングジャーナル』132号、pp.2-4を改変。

※2　「生協会だより」2014年2月、No. 237、コープさっぽろ生協会事務局における上田隆穂講演録が全体のベースとなっている。

※3　『日経MJ』2013年6月7日号、及び『月刊商人舎』June 2013、Vol.2、pp.4 -5におけるホールフーズマーケットやトレイダー・ジョーズの解説より。

※4　2016年現在では低価格PB商品を増やし、低価格化傾向を見せている。

※5　小阪裕司オラクルひと・しくみ研究所代表、『日経MJ』「招客招福の法則」シリーズより。小阪氏は、多くの日経MJセミナーでもこの話をなされている。

※6　ジェラルド・ナドラー、日比野省三（1997）『新・ブレイクスルー思考』ダイヤモンド社。

※7　クレイトン・M・クリステンセン（2012）『イノベーション・オブ・ライフ』翔泳社、pp.115-120。

※8　上田隆穂、兼子良久、星野浩美、守口剛編著（2011）『買い物客はそのキーワードで手を伸ばす』ダイヤモンド社。

※9　上田隆穂（2013）視点「ブレイクスルーを生む価値創造型新製品開発のためのリサーチ」『流通情報』、No.503、Vol.45.No.2、pp.2-3。

※10　上田隆穂、青木幸弘編（2008）『マーケティングを学ぶ（上）　売れる仕組み』中央経済社、p.96。

※11　荒井伸也（1990）『スーパーマーケット・チェーン』日本経済新聞社、pp.67-68。

※12　玄田有史（2006）、『希望学』中公新書ラクレ、p.20。

※13　斉藤武（1985）「死のなかの希望とは」『月刊ナーシング』13、pp.1914-1917（大橋・恒藤・柏木（2003）「希望に関する概念の整理」大阪大学大学院人間科学研究科紀要、第29巻、2003年3月所収の中のp.105に記載）。

※14　同上、pp.167-168。

※15　『千葉ニュータウン新聞』1999年3月15日号。

※16　上田隆穂、星野浩美（2010）「"希望学"に基づく未来店舗『Life Value Creative Station』の可能性」『マーケティングジャーナル』115号、pp.33-34。

※17　上田隆穂（2013）「小売店舗の価値創造（前編）～未来店舗の本質を探る～」『販促会議』（連載）、No.180、pp.114-117をベースとしている。

※18　上田隆穂（2013）「おいしさだけではない『旬・鮮度』の持つ潜在価値」『販促会議』（連載）、No. 185、pp.140-145をベースとしている。

※19　コープさっぽろ資料による。

※20　本章は上田隆穂（2014）「小売業における価値創造のための顧客接点管理～O２Oと経験価値マネジメントの観点から～」『販促会議』（連載最終回）、No.190、pp.140-143を参考にしている。

※21　Bernd H. Schmitt（2003）“Customer Experience Management: A Revolutionary Approach to Connecting with Your Customers”、Wiley（邦訳2004年、『経験価値マネジメント』、ダイヤモンド社）。

※22　同上邦訳、p.3。

※23　Bernd H. Schmitt（1999）“ EXPERIENTAL MARKETING”, The Free Press, a division of Simon & Schuester, Inc.（邦訳2000年、『経験価値マーケティング』、ダイヤモンド社、p.67）。

※24　同上

※25　本章は上田隆穂（2013）「小売業界における価値創造と成長の方向性【株式会社サンヨネ】」『マーケティングジャーナル』127号、pp.94-110を加筆修正したものである。

※26　http://law.e-gov.go.jp/htmldata/S23/S23HO200.html より。

※27　以降は上田隆穂、星野浩美（2011）「小売業界における脱成熟モデルの考察～コープさっぽろ　自主再建から復活へのケース～」『学習院大学経済経営研究所年報』25巻、pp.1-14及び上田隆穂、兼子良久、星野浩美、青木幸弘（2012）「過疎地域住民の生活ニーズ調査ー過疎地の小売戦略」『学習院大学計算機センター年報』Vol.33、pp.8-39を改変・加筆。

※28　北海道「過疎地域・高齢化集落状況調査報告（平成23年8月）」。

※29　上田隆穂、兼子良久、星野浩美、青木幸弘（2012）同上を改変。

※30　上田隆穂、兼子良久（2013）「経営理念の現状分析と小売業の目指すべき2つの方向性」『マーケティングジャーナル』129号、pp.43-55を加筆修正している。

※31　Philip Kotler, Hermawan Kartajaya, Iwan Setiawan（2010）Marketing 3 . 0 : From Products to Customers to the Human Spirit, Wiley.

※32　マイケル E. ポーター、マーク・R・クラマー（2011）「経済価値と社会的価値を同時実現する共通価値の戦略」『DIAMOND ハーバード・ビジネス・レビュー』June、pp.8-31。

※33　主に「日本の小売業1000社ランキング」『チェーンストアエイジ』2012年9月15日号を参考にした。

※34　各社とも2013年3月10日時点での経営理念となる。

※35　このコレスポンデンス分析と後で登場する数量化理論Ⅲ類で使用されたデータは、コーディングデータであり、0、1のデータとなる。通常は頻度データの利用が中心となるが、ここではこのデータを利用した。

※36　今度はコレスポンデンス分析と類似の数量化理論Ⅲ類という手法を用いる。その操作性の高さゆえ用いた。「住民の幸せに貢献する」「買い物の楽しさ・魅力ある売場の提供」の2項目は、食品スーパーには含まれていないため、分析項目から外している。

※37　コープさっぽろホームページより。

※38　『日経MJ』2010年12月17日号。

上田隆穂（うえだ・たかほ）

学習院大学経済学部教授。1953年生まれ。1978年東京大学経済学部卒業後、株式会社東燃入社。1980年同社退職後、一橋大学大学院商学研究科修士課程に進み、1985年同大学商学部助手。学習院大学経済学部専任講師、助教授を経て現職。学習院マネジメント・スクール所長を兼任。博士(経営学)。専攻はマーケティング、価格戦略、セールス・プロモーション開発、消費者深層心理、地域活性化など。

宣伝会議の書籍

【実践と応用シリーズ】
CMを科学する
「視聴質」で知るCMの本当の効果とデジタルの組み合わせ方
横山隆治 著

本書では、あいまいだったテレビCMの効果効能を科学的に分析し、真のデジタルマーケティングに必要なデータと共に動画コンテンツのありかた、将来的なテレビCMのあり方について論じる、マーケティング関係者必読の書。

■本体1500円＋税　ISBN 978-4-88335-364-4

【実践と応用シリーズ】
生活者視点で変わる小売業の未来
希望が買う気を呼び起こす 商圏マネジメントの重要性
上田隆穂 著

ネット販売や新しい決済方法、商品の受け取り方、オムニチャネルなど様々な革新が至るところで起きている。そんな流通小売業の大きな変化を「生活者の視点」で見直すとどうなるのか。小売りの実証実験の結果をもとに新しい小売業のあり方をまとめた書籍。

■本体1500円＋税　ISBN 978-4-88335-367-5

【実践と応用シリーズ】
拡張するテレビ
広告と動画とコンテンツビジネスの未来
境 治 著

フジテレビの凋落やCM不振など、ネガティブな話題ばかりがとりあげられがちなテレビの周辺ビジネスの状況をイチから整理し、根本から考え直した末に見えてきた、新しい時代の広告、動画、コンテンツビジネスのあり方を提示する書籍。

■本体1500円＋税　ISBN 978-4-88335-366-8

【実践と応用シリーズ】
サスティナブル・カンパニー
「ずーっと」栄える会社の事業構想
水尾順一 著

サスティナビリティの考え方は、企業が本当に社会の役に立つ存在になるための「事業構想」を考える上でも大きなヒントになる。大手企業が不祥事を起こしている今、世の中に信頼されるビジネスをどう生み出すのかをまとめた書籍。

■本体1500円＋税　ISBN 978-4-88335-368-2

宣伝会議 の書籍

手書きの戦略論
「人を動かす」7つのコミュニケーション戦略

磯部光毅 著

本書は、コミュニケーション戦略を「人を動かす心理工学」と捉え、併存する様々な戦略・手法を7つに整理し、それぞれの歴史的変遷や、プランニングの方法を解説。各論の専門書を読む前に、体系的にマーケティング・コミュニケーションについて学ぶための一冊。

■本体1850円＋税　ISBN 978-4-88335-354-5

すべての仕事はクリエイティブディレクションである。

古川裕也 著

日本を代表するクリエイティブディレクターであり、電通クリエイティブのトップである古川裕也氏、初の書籍。広告界だけの技能と思われている「クリエイティブで解決する」という職能をわかりやすく、すべての仕事に応用できる技術としてまとめた本。

■本体1800円＋税　ISBN 978-4-88335-338-5

日本の企画者たち
～広告、メディア、コンテンツビジネスの礎を築いた人々～

岡田芳郎 著

過去の偉人たちは混迷の時代をどのような企画で乗り切ったのか。昔に活躍したクリエイター、企業家、ジャーナリストなどの企画術を人物伝形式の読み物として学ぶ。ひとを動かす企画術の温故知新です。

■本体2000円＋税　ISBN 978-4-88335-356-9

販促会議SPECIAL EDITION 実際に提案された秘蔵の企画書

販促会議編集部 編

周囲を巻き込み、アイデアを実現させるには。何から書けばいいの？お悩み解決！企画書づくりの方程式。激戦を勝ち抜いたベスト販促アイデアに学べ。これがプロの企画書だ！　ほか多数のテーマを収録。

■本体1834円＋税　ISBN 978-4-88335-362-0

詳しい内容についてはホームページをご覧ください　www.sendenkaigi.com

【実践と応用シリーズ】

生活者視点で変わる
小売業の未来

希望が買う気を呼び起こす
商圏マネジメントの重要性

発行日　2016年　8月1日　初版

著者　上田隆穂
発行者　東 英弥
発行所　株式会社宣伝会議
〒107-8550　東京都港区南青山3-11-13
tel.03-3475-3010（代表）
http://www.sendenkaigi.com/

印刷・製本　中央精版印刷株式会社
装丁デザイン　SOUP DESIGN

ISBN 978-4- 88335-367-5　C2063